HAASE

Der Alkoholkranke in Klinik und Praxis

Zum Tagesablauf des psychisch Kranken in der Klinik

Der Alkoholkranke in Klinik und Praxis

Zum Tagesablauf des psychisch Kranken in der Klinik

1. Psychiatrie-Symposion Landeck 1974

Herausgegeben von H.-J. Haase

Mit Beiträgen von

D. Class
I. Demel
W. Feuerlein
H.-J. Haase
H. Häfner
W. Janzarik
S. Kaumeier
W. Keup
H. Kroiß
K. Kryspin-Exner
W. Leonhardt
W. Mende
B. Neundörfer
H. Schwarz
A. Springer
W. Th. Winkler

22 Abbildungen, 2 Farbtafeln

Georg Thieme Verlag Stuttgart 1975

CIP-Kurztitelaufnahme der Deutschen Bibliothek

Der Alkoholkranke in Klinik und Praxis. Zum Tagesablauf des psychisch Kranken in der Klinik / 1. Psychiatrie-Symposion Landeck 1974.
ISBN 3-13-522801-0

NE: Haase , Hans-Joachim [Hrsg.]; Psychiatrie-Symposion ⟨01, 1974, Landeck über Bergzabern⟩ ; Beigef. Werk

ISBN 3-13-522801-0

Mitarbeiterverzeichnis

Herausgeber

HAASE, H.-J., Prof. Dr. Dr., Direktor der Pfälzischen Nervenklinik Landeck, 6749 Landeck ü. Bergzabern

Mitarbeiter

CLASS, D., Sozialfürsorger, Pfälzische Nervenklinik Landeck, 6749 Landeck ü. Bergzabern

DEMEL, I., Dr., Abteilung für Suchtkrankheiten und körperlich begründbare psychische Störungen an der Psychiatrischen Universitätsklinik im Allgemeinen Krankenhaus der Stadt Wien, A-1097 Wien, Lazarettgasse 14

FEUERLEIN, W.,Prof. Dr., Leiter der Psychiatrischen Poliklinik des Max-Planck-Institutes für Psychiatrie, 8000 München 40, Kraepelinstraße 10

HAASE, H.-J., Prof. Dr. Dr., Direktor der Pfälzischen Nervenklinik Landeck, 6749 Landeck ü. Bergzabern

HÄFNER, H., Prof. Dr. Dr., Direktor der Sozialpsychiatrischen Klinik der Universität Heidelberg – Klinikum Mannheim – 6800 Mannheim, Hebelstraße 13

JANZARIK, W., Prof. Dr., Direktor der Psychiatrischen Universitätsklinik, 6900 Heidelberg, Voßstraße 4

KAUMEIER, S., Dr., Pfälzische Nervenklinik Landeck, 6749 Landeck ü. Bergzabern

KEUP, W., Prof. Dr., Direktor der Karl-Bonhoeffer-Nervenklinik, 1000 Berlin 26, Oranienburger Straße 285

KROISS, H., OMD Dr., Direktor des Bezirkskrankenhauses, 8094 Gabersee am Inn, Post Reitmehring

KRYSPIN-EXNER, K., Univ.-Prof. Dr., Leiter der Abteilung für Suchtkrankheiten und körperlich begründbare psychische Störungen an der Psychiatrischen Universitätsklinik im Allgemeinen Krankenhaus der Stadt Wien, A-1097 Wien, Lazarettgasse 14, und Leiter des Ludwig-Boltzmann-Instituts für Suchtforschung, A-1237 Wien, Mackgasse 7–9

LEONHARDT, W., Ltd. LMD, Dr., Westfälisches Landeskrankenhaus, 4600 Dortmund-Aplerbeck, Marsbruchstraße 179

MENDE, W., Prof. Dr., Abteilung für Forensische Psychiatrie der Nervenklinik der Universität, 8000 München 2, Nußbaumstraße 7

NEUNDÖRFER, B., Prof. Dr., Oberarzt der Neurologischen Klinik der Fakultät für klinische Medizin Mannheim der Universität Heidelberg, 6800 Mannheim, Theodor-Kutzer-Ufer

SCHWARZ, H., MD Dr., Pfälzische Nervenklinik Landeck, 6749 Landeck ü. Bergzabern
SPRINGER, A., Dr., Abteilung für Suchtkrankheiten und körperlich begründbare psychische Störungen an der Psychiatrischen Universitätsklinik im Allgemeinen Krankenhaus der Stadt Wien, A-1097 Wien, Lazarettgasse 14
WINKLER, W. Th., Prof. Dr., Direktor des Westfälischen Landeskrankenhauses, 4830 Gütersloh, Hermann-Simon-Straße 7

Inhaltsverzeichnis

Vorwort

Im Rahmen des zunehmenden Interesses der Öffentlichkeit für die Psychiatrie heben sich zwei Themen besonders hervor: 1. der Alkoholkranke, 2. der Tagesablauf des psychisch Kranken im psychiatrischen Krankenhaus.
Die mehr als 1/2 Million Alkoholkranker in der BRD sind als Kranke angewiesen auf sachgemäße Behandlung, über deren stationäre und ambulante Möglichkeiten durch Fachexperten aus der BRD und Österreich referiert und im Beisein von rund 200 Nervenärzten und Fachvertretern diskutiert wurde. Die Themen reichten von der medikamentösen Behandlung des Alkoholdelirs bis zu den verschiedenen psychotherapeutischen Maßnahmen, von der Einschaltung von Suchtberatungsstellen, von klinischer und Heilstättenbehandlung bis zur gerichtsmedizinischen Bedeutung des Alkoholismus.
Hinter dem harmlos klingenden Titel des zweiten Teils "Zum Tagesablauf des psychisch Kranken in der Klinik" verbirgt sich eine ebenfalls sehr aktuelle Problematik. Die Fachberichte aus einer Reihe psychiatrischer Krankenhäuser und die Diskussionen geben eine Fülle von Informationen zur Frage: Wie leben die Patienten in den ehemaligen "Irrenanstalten", die einerseits auf dem Weg zu modernen Fachkliniken und Krankenhäusern für psychisch akute Kranke, für Behandlungsfälle sind, während ihre Pflegesätze andererseits ausweisen, daß ihnen weniger als die Hälfte der Mittel für Behandlungsmaßnahmen zur Verfügung stehen als den Allgemeinkrankenhäusern? Dabei geht es in den Berichten und Diskussionen insbesondere auch um die Fragen der weiteren Zielplanung und damit um nichts Geringeres als um einen wesentlichen Teil der psychiatrischen Versorgung der Bevölkerung der BRD, in der rund jedes 6. Krankenbett in einem psychiatrischen Krankenhaus steht.

H.-J. HAASE

I. DER ALKOHOLKRANKE IN KLINIK UND PRAXIS

Moderne Wege der stationären Behandlung Alkoholkranker

Von K. Kryspin-Exner, I. Demel und A. Springer

So wie in den letzten Jahren der Krankheitscharakter der Alkoholabhängigkeit zunehmend akzeptiert wurde und tiefere Einsichten in den eigengesetzlichen Verlauf des Alkoholismus gewonnen werden konnten, so hat der therapeutische Aspekt einen bedeutenden Wandel erfahren. Mit zunehmender Behandlungsbereitschaft und besserer Kenntnis der frühen Entwicklungsstadien hat sich gezeigt, daß die Alkoholkranken, was die Persönlichkeitsstruktur, den sozialen Status, das Lebensalter und den Grad der psychischen und physischen Schädigung anlangt, ein sehr heterogenes Krankengut darstellen. Die positivere Einstellung der Gesamtheit gegenüber einer medizinischen Therapie der Alkoholkrankheit und die bessere Aufklärung der Bevölkerung haben es bewirkt, daß eine nicht mehr zu überschauende große Zahl von Alkoholkranken freiwillig zur Behandlung bereit wäre, wenn die geeigneten Therapeuten und geeignete Institutionen zur Verfügung stünden. Der Mangel an entsprechenden Therapieangeboten ist ein weltweites Problem. Daß die Auseinandersetzung über die anzuwendende Methodik noch immer nicht abgeschlossen scheint, ist in Anbetracht der Existenz wohlfunktionierender therapeutischer Modelle kaum verständlich. Fest steht, daß die stationäre Behandlung Alkoholkranker nicht als eigentliche Behandlung aufgefaßt werden kann, sondern nur zur Vorbereitung einer langfristigen ambulanten Behandlung dient. Das traditionsreiche und altbewährte Heilstättenprinzip, das in der Bundesrepublik als erstem Land der Welt verwirklicht wurde, hat seine ausschließliche Bedeutung eingebüßt und dient im Rahmen moderner Behandlungspläne nur mehr speziellen Aufgaben für einen bestimmten Indikationsbereich. Als vorzügliches Instrument für die langzeitige psychotherapeutische und soziotherapeutische Behandlung wird der „Trinkerheilstätte" allerdings eine neue, grundsätzliche Bedeutung zukommen. Die moderne offene Klinik für Alkoholkranke muß über eine wesentlich größere Flexibilität und Vielzahl der anzuwendenden Methoden verfügen. Die Zeit, in der besonders geeignete Persönlichkeiten mit „heiligem Eifer", wie BLEULER bemerkt, Behandlungsmodelle trugen, ist in Anbetracht der modernen wissenschaftlichen Erkenntnisse über Symptomatologie und Verlauf des Alkoholismus wohl vorbei, d. h. zumindest kann die aus einer bestimmten Effizienz oder partieller Defizienz besonders zur Alkoholikerbehandlung geeignete Persönlichkeit nicht in den Mittelpunkt der Betrachtung der Wirksamkeit therapeutischer Modelle gestellt werden, da unwägbare persönliche Faktoren keinem wissenschaftlichen Vergleich standhalten und solche Persönlichkeiten nicht überall zur Verfügung stehen. Jedem Erfahrenen ist bekannt, daß ein starkes Engagement jeglicher Art im Sinne einer therapeutischen Polypragmasie beim Suchtkranken zum Erfolg führen kann. Gerade darum geht es aber nicht, wenn man moderne Behandlungseinrichtungen plant, die einer Vielfalt von Persönlichkeiten, von Verlaufsformen und Komplikationen der Alkoholkrankheit gerecht werden müssen. Die therapeutische Polypragmasie und der isolierte Einsatz bestimmter Personen werden auch nie geeignet sein, einer allgemein akzeptierten medizinischen Behandlung des Alkoholismus auf breiter Front zu dienen. Dazu müssen - und das zeigen mehrere Modelle, die seit langer Zeit existent sind - moderne psychiatrische Spezialabteilungen eingerichtet werden, die von der Öffentlichkeit als Fachkliniken akzeptiert werden können und nicht nur der kurz-, mittel- und langzeitigen stationären Behandlung Alkoholkranker dienen müssen, sondern auch die Zentren der medizinischen Behandlung der Alkoholkrankheit an sich darstellen sollen. Eine solche offene Fachklinik sollte mit diagnostischen und therapeutischen Instrumenten so eingerichtet sein, daß jeder qualifizierte Psychiater dort tätig sein kann und dem Krankheitscharakter der Alkoholabhängigkeit voll Rechnung getragen wird. Diese Kliniken, die nicht mehr als 70 bis 100 Betten umfassen sollen, sind vor allem zur Aufnahme von Patienten geeignet, die noch eine gewisse soziale Integration aufweisen und daher nach kurz- oder mittelfristiger Behandlung wieder in ihr gewohntes Milieu entlassen werden sollen. Der gemeinsame Aspekt, unter dem Patienten und Therapeuten stehen, das gemeinsame Anliegen, aber auch die gemeinsame Isolierung, in die alle durch eine noch immer vorhandene repressive Einstellung der Bevölkerung gedrängt sind, nicht zuletzt auch die „Kumpanei" der Trinker werden Faktoren sein, die bei vernünftiger Führung einer solchen Institution fast von selbst zu einer starken therapeutischen Gemeinschaft führen müssen. Eine solche therapeutische Gemeinschaft darf kein Kunstprodukt sein, das auf Grund theoretischer Einsichten in die Problematik organisiert wird, sondern muß auf dem Boden echten Fachwissens und vernünftiger menschlicher Zuwendung von selbst wachsen und zur Selbstverständlichkeit werden. Diese starke therapeutische Gemeinschaft ist das oberste und tragende Prinzip einer solchen offen geführten Spezialklinik, die daneben über die Möglichkeit verfügen muß, alle modernen psychiatrischen Behandlungstechniken nebeneinander anzuwenden; zumindest müssen die vielfach bewährten und allgemein akzeptierten Therapieformen zur Anwendung kommen. Es versteht sich heute von selbst, daß die absolute Abstinenz der Kranken nach wie vor eine Grundlage ist, ohne die man an eine erfolgreiche Behandlung nicht denken kann. Allgemein akzeptiert ist die Wirksamkeit der Gruppenbehandlung Suchtkranker, die während des stationären Aufenthaltes vor allem dem Wiedererlangen des Selbstwertgefühles und der Gewinnung der Krankheitseinsicht dienen soll. Die hauptsächlich angewandte Psychotherapieform bleibt die führende Psychotherapie (Psychagogik). Daneben haben verhaltenstherapeutische Techniken, die auch in der Gesamtführung der Institution berücksichtigt werden müssen, in der Zukunft ihren Platz. Klassische tiefenpsychologische Behandlungsmethoden haben sich im allgemeinen nicht bewährt. Die Sozialarbeit ist bei dem vielfach im sozialen Bereich geschädigten Krankengut eine conditio sine qua non ebenso wie die therapeutische Beeinflussung der Familie, die mit dem Suchtverhalten des Patienten durch viele pathologische Mechanismen verzahnt ist. Allgemein akzeptiert ist auch das grundsätzliche Prinzip der Aktivierung der Persönlichkeit des Suchtkranken, die der Passivität der Abhängigkeit entgegenwirken soll. Daher kommt arbeitstherapeutischen Methoden, vor allem der Gruppenarbeit im Rahmen und für die Institution eine große therapeutische Bedeutung zu, während die reine Beschäftigungstherapie eher in den Hintergrund zu rücken ist.

Eine Spezialklinik für Suchtkranke hat natürlich dafür Sorge zu tragen, daß alle Therapeuten über die angewandten Techniken hinaus einen persönlichen Einsatz leisten. Auch dem Selbsthilfeprinzip, das sich immer bestens bewährt, muß im Rahmen der

Institution, aber auch bei Aufstellung von Behandlungsplänen Rechnung getragen werden, ebenso wie für die Möglichkeit einer langzeitigen ambulanten Behandlung gesorgt werden muß.
Neben diesen allgemein als erfolgreich akzeptierten Prinzipien der Behandlung Suchtkranker muß die moderne Spezialklinik noch über eine Vielzahl von anderen therapeutischen und diagnostischen Erfahrungen und Instrumenten verfügen (Abb. 1).

Spezialisiertes Krankenhaus

Therapeutische Gemeinschaft				
Gruppentherapie	Arbeitstherapie	Somatische Therapie + Internist	Psychopharmaka-Therapie	Individuelle Psychotherapie
Dokumentation Öffentlichkeits-arbeit Ausbildung	Sozialarbeit	EEG	Psycho-pathologisches Labor	Ambulanz

Ambulanz:
- Beratungsstellen
- Selbsthilfegruppen
- praktizierende Ärzte
- Arbeitsämter, Gerichte, Schulen, Betriebe, sonstige Behörden

Abb. 1

Da die spezialisierte Institution auch ein Zentrum der Öffentlichkeitsarbeit und Ausbildung darstellt, muß sie ein entsprechendes Dokumentationszentrum besitzen. Die vielfachen somatischen Schäden, die der Alkoholkranke erlitten hat, bedingen die Notwendigkeit der Führung einer qualifizierten somatischen Therapie. In der Behandlung verschiedener Formen der Alkoholabhängigkeit haben die Psychopharmaka ihren Platz, wobei der periodische Einsatz von Neuroleptika und Antidepressiva heute unerläßlich erscheint und nur die sog. Tranquilizer besonders vorsichtiger Anwendung bedürfen, da sie selbst potentielle Suchtmittel sind und abnormes, süchtiges Verhalten provozieren können. Die Festlegung der Behandlungsdauer, die individuell zu erfolgen hat, erfordert das Vorhandensein diagnostischer Hilfsmittel wie z. B. eines experimentalpsychologischen Labors und eines Elektroenzephalogrammes. Eine normierte Behandlungsdauer kann den modernen therapeutischen Erfordernissen nur in den seltensten Fällen gerecht werden. Da das Krankengut einer solchen Institution eine starke Bindung an die Behandlungseinrichtung aufweist, ist die Führung einer Ambulanz, die mit allen anderen Betreuungsorganisationen eng zusammenarbeiten muß (siehe Abb. 1), unerläßlich. Die Tätigkeit der Ambulanz dient auch der ständigen Kontrolle des Erfolges der therapeutischen Tätigkeit der Klinik.
Die Aufnahme in die Spezialklinik erfolgt freiwillig, allerdings wird der Alkoholkranke meist durch die Lebensumstände zur Aufnahme gezwungen, so daß die Freiwilligkeit eine relative bleibt. Die Indikation ist die Einleitung der Abstinenz, wenn diese ambulant nicht zu erzielen ist, bzw. die Behandlung von körperlichen und psychischen Begleit- und Folgekrankheiten des Alkoholismus. Aber auch die Befreiung von unerträglichem Milieudruck und die Notwendigkeit, eine echte Krankheitseinsicht zu erzielen, können Indikationen zur Aufnahme in ein solches modernes Behandlungszentrum sein. Auch während der ambulanten Behandlung ergibt sich durch Rückfälle, besonders ungünstige Umweltkonstellationen oder psychische Erkrankungen, die nicht mit Rückfällen in Zusammenhang stehen (Depressionen, protrahierte Abstinenzsyndrome), die Notwendigkeit zur kurz- oder mittelfristigen stationären Aufnahme.

Die eben beschriebene Behandlungseinheit ist Hauptträger der modernen medizinischen Therapie der Alkoholkrankheit, doch kann sie nicht isoliert existieren, sondern muß wesentlicher Teil einer Behandlungskette im Versorgungsbereich sein (Abb. 2).

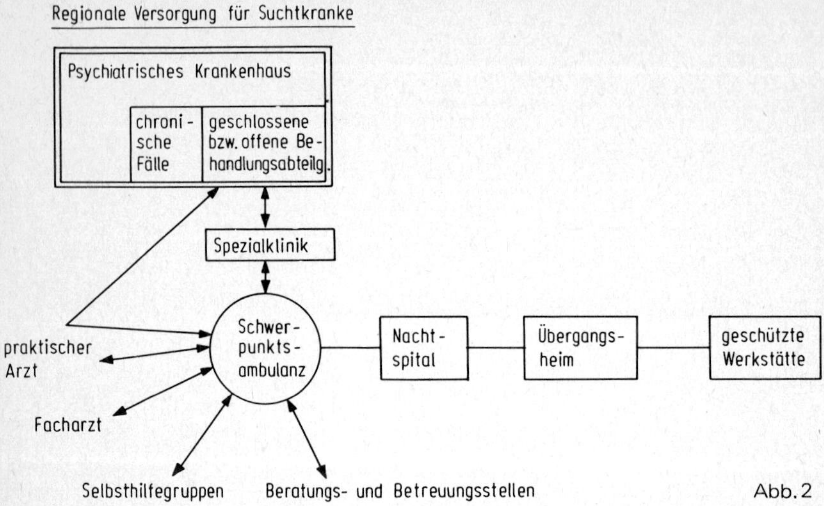

Abb. 2

Chronische Fälle mit irreparablen Schäden bedürfen der Unterbringung in einer geschlossenen Abteilung psychiatrischer Krankenhäuser mit einem minimalen Therapieangebot. Ein beträchtlicher Prozentsatz der Patienten wird immer primär in das psychiatrische Krankenhaus eingewiesen werden, das aus diesem Grund ebenfalls über eine geschlossene bzw. offene Behandlungsabteilung mit intensiver therapeutischer Beeinflussung der Patienten verfügen muß. Im Idealfall verfügt die Spezialklinik nicht nur selbst über eine Ambulanz, sondern arbeitet mit einer Schwerpunktambulanz im Versorgungsbereich zusammen, an die ein Nachtspital, ein Übergangsheim und andere moderne Rehabilitationseinrichtungen angegliedert sein können.

Bei flexibler und qualifizierter Anwendung der eben beschriebenen therapeutischen Techniken kommt es zu einer raschen Restitution der Persönlichkeit des Kranken in verhältnismäßig kurzer Zeit. Abbildung 3 zeigt die Ergebnisse einer Testwiederholung an 50 Fällen mittels des 16 PF-Testes von Cattell nach sechs Wochen stationärer Behandlung (aus: I. Demel, Diss. Wien 1970).

Es zeigt sich dabei eine erstaunliche Normalisierung des Profils mit einer statistisch signifikanten Änderung in einer Vielzahl von Faktoren. Auch die im gleichen Zeitraum durchgeführten Leistungsuntersuchungen im Bereich der Motorik (aus: I. Demel, Diss. Wien 1970, Abb. 4) zeigen neben der starken Reduktion der Ausgangswerte eine beträchtliche Restitution anläßlich der Drittuntersuchung nach sechswöchiger stationärer Behandlung.

Ähnliches zeigt sich im Bereich der Hirnleistung (Abb. 5), wobei festzustellen ist, daß auch nach einjähriger Abstinenz noch beträchtliche Ausfallserscheinungen nachzuweisen sind. Aus diesen als Beispiel wiedergegebenen Resultaten läßt sich erkennen, daß einerseits eine differenzierte psychotherapeutische Beeinflussung wegen der primär starken psychoorganischen Ausfallserscheinungen problematisch erscheint, andererseits die verhältnismäßig rasche Restitution eine Entlassung in normale Umweltbedingungen zu einem relativ frühen Zeitpunkt ermöglicht.

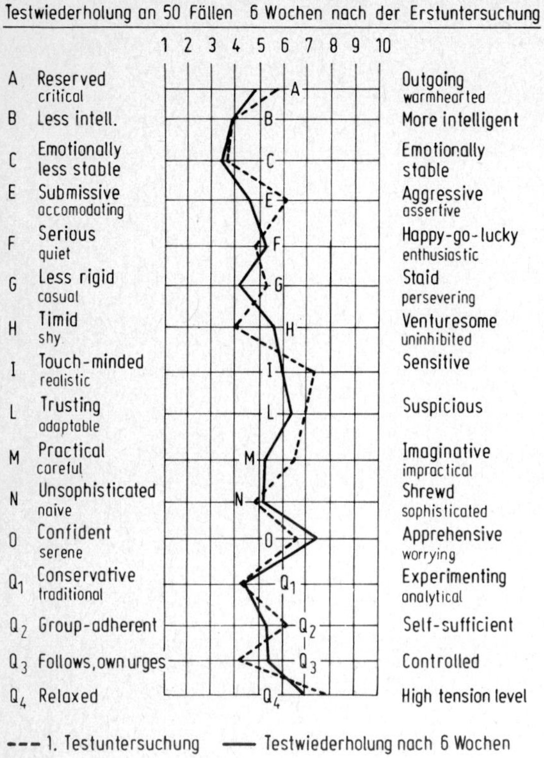

Abb. 3

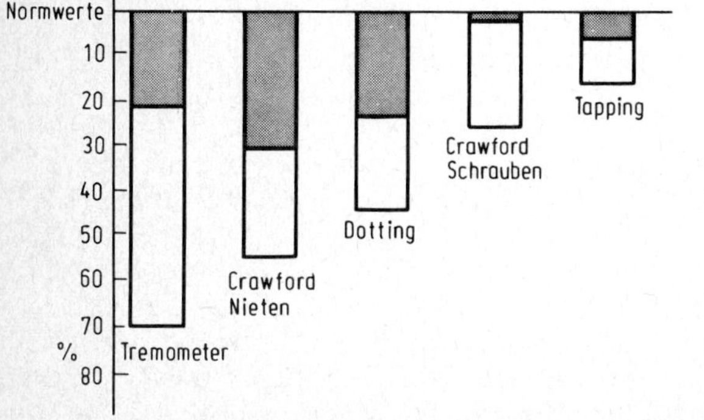

Abb. 4

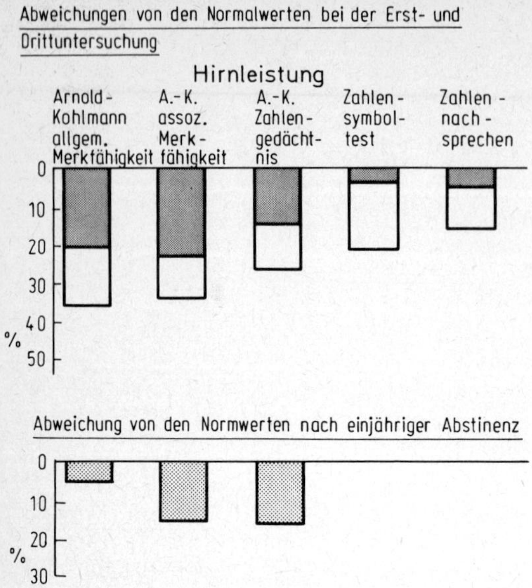

Abb. 5

Eine Auswertung des psychopathologischen Merkmalkatalogs an 3124 im Anton-Proksch-Institut in Wien-Kalksburg aufgenommenen Fällen zeigt ebenso wie die Testergebnisse den Schweregrad der Ausfallserscheinungen und bestätigt den medizinischen Aspekt der Problematık (Tab. 1).

Tab. 1. Psychopathologischer Aufnahmestatus N = 3124

Symptom	Pat.	%
Merkfähigkeitsstörung	1489	47,66
Auffassungsstörung	1434	45,90
Aufmerksamkeitsstörung	1428	45,71
Gedächtnisstörung	1297	41,52
Störung der Urteils- und Kritikfähigkeit	1101	35,24
Gedankenablauf verlangsamt	1092	34,96
Depression	1021	32,68
Hemmung	602	19,27
Dysphorie	1034	33,11

Kompliziert wird die Situation in letzter Zeit zunehmend dadurch, daß ein relativ hoher Prozentsatz von Patienten neben der Alkoholabhängigkeit auch Zeichen der Medikamentenabhängigkeit zeigt, wie es sich (Tab. 2) aus der Analyse der eben erwähnten 3124 stationär behandelten Alkoholkranken ergibt.

Tab. 2. Medikamentenabhängigkeit N = 3124

	Pat.	%
Tranquilizer	113	3,62
Hypnotika	92	2,94
Analgetika	190	6,08

Eine Analyse des gleichen Krankengutes in Hinblick auf die positiven Verhaltensweisen während der stationären Behandlung zeigt die relativ hohe Kooperationsbereitschaft bei einer großen Zahl von Fällen, die einen durchschnittlich hohen Schweregrad des Alkoholismus aufweisen und keinen besonderen Auslesemodalitäten unterworfen waren (Tab. 3).

Tab. 3. Positive Verhaltensweisen N = 3124

	Pat.	%
Krankheitseinsicht	2126	68,05
Angepaßt	2319	74,23
Kooperativ	2408	77,08
Akt. Teilnahme an Gruppe	951	30,44
Akt. Teilnahme an Arbeitstherapie	2511	80,38

Bei fachgerechter therapeutischer Führung einer solchen Spezialeinheit läßt sich ein positives Rehabilitationsergebnis in ca. 60 - 70% der Fälle erzielen, ein Resultat, das die Erfolge anderer medizinischer Fachrichtungen bei weitem übertrifft. Der vielschichtigen Dynamik des Geschehens, das wir bei Betrachtung des Problems der Alkoholkrankheit feststellen können, muß ein flexibles, methodisch vielschichtiges und allgemein akzeptiertes therapeutisches Modell entgegengesetzt werden. Der medizinische Aspekt der Erkrankung ergibt sich aus der Analyse des Krankengutes und der Alkoholismusverläufe.
Die Einrichtung einer genügenden Zahl solcher moderner hochqualifizierter psychiatrischer Fachkliniken wird durch den Umfang des Bedarfes nach fachgerechter Behandlung voll gerechtfertigt. Immerhin muß man mit einem Befall von mindestens 1,5 - 2% der Gesamtbevölkerung durch die Alkoholkrankheit rechnen, wenn man das Ergebnis kleiner regionaler Untersuchungen berücksichtigt.
Die Akuität der Gesamtproblematik wird allerdings in der Regel übertrieben dargestellt, wenn man bedenkt, daß nach Angaben des statistischen Jahrbuches für das Deutsche Reich 1926 in den Jahren 1911-1913 57 225 Alkoholiker stationär aufgenommen waren. Diese Feststellung ändert allerdings nichts an der Tatsache, daß moderne wissenschaftliche Aspekte die Basis für die Entwicklung von Behandlungsmethoden gewesen sind, die nicht nur theoretisch diskutiert, sondern auch in breitem Umfang in die Praxis umgesetzt werden müssen.

Diskussionsbeitrag
zum Vortrag „Moderne Wege der Behandlung stationärer Alkoholkranker"

Von H.-S. Kaumeier

Seit Anfang Februar dieses Jahres haben wir in unserer Klinik bei allen deliranten und prädeliranten Zuständen die Wirksamkeit von Haloperidol systematisch untersucht. Allerdings wurde hier auch schon früher Haloperidol beim Alkoholentzugsdelir verwendet, in der Hauptsache aber Distraneurin eingesetzt.
Wir können nun auf insgesamt 24 Fälle zurückblicken, darunter befanden sich sieben schwere Delirien, die teilweise durch bereits bestehende Krankheiten kompliziert wurden, so zum Beispiel durch schwere Herzinsuffizienz, Stauungsbronchitis und chronische Bronchitis bei erheblicher Adipositas.
In allen Fällen stand im Vordergrund unserer therapeutischen Bemühungen die Beherrschung der deliranten Unruhe. Wir gaben Haloperidol stets intravenös, da sich rein empirisch herausgestellt hatte, daß diese Applikationsart am wenigsten, wenn überhaupt, zu grobmotorischen extrapyramidalen Störungen führt.
Tatsächlich konnten wir dies bei keinem unserer Patienten beobachten. Vor allem aber sahen wir weder einen hypotensiven noch einen atemdepressiven Effekt, was sich auf die belastete Kreislaufsituation des Deliranten vorteilhaft auswirkt.
Wir begannen in praxi mit 5 mg Haloperidol, in Einzelfällen auch mit 10 mg. In der Regel kam es zu einer sehr schnellen Sedierung und Schlafinduktion. Im weiteren Verlauf gaben wir das Haloperidol nach Bedarf in der Dosierung von je 5 mg. Wir legten bewußt keine Dauertropfinfusion mit Haloperidol an, da wir die durchschnittliche Menge im Einzelfall ermitteln wollten.
Darüber hinaus erhielten die Patienten Vitamine der B-Reihe und, wenn nötig, Strophantin, Corticoide und kreislaufstützende Mittel.
Bei den schweren Delirien betrug die mittlere Behandlungsdauer sieben Tage. Im Durchschnitt wurden in den ersten drei Tagen 25 mg Haloperidol pro Patient und Tag gegeben.
Bei den leichten Formen des Delirium tremens und dem beginnenden Delir war die mittlere Behandlungsdauer vier Tage. Während dieser Zeit erhielt jeder Patient durchschnittlich pro Tag 10 mg Haloperidol.
In drei sehr schweren Fällen war es indiziert, zusätzlich Distraneurin zu verabfolgen, da die delirante Unruhe mit Haloperidol alleine nicht beherrscht werden konnte.
Bei diesen Patienten zeigte sich jedoch sehr deutlich, daß Distraneurin nur in geringen Mengen gegeben werden mußte (höchstens bis zu 4 g pro Tag). Somit kam es auch hier nicht zu den Distraneurin-spezifischen Nebenwirkungen. Bei keinem der von uns beobachteten Patienten aber war die Anwendung einer Distraneurin-Infusion notwendig.
Zusammenfassend können wir sagen, daß Haloperidol in der Behandlung toxischer Delirien für den Patienten und nicht zuletzt auch für das Personal einen unter Umständen entscheidenden Sicherheitsfaktor darstellt.
Alle bekannten Nebenwirkungen von Distraneurin, insbesondere als Dauertropfinfusion angewendet, konnten bei Haloperidol in keinem Fall beobachtet werden. Außer bei den oben erwähnten drei Patienten genügte ausschließlich die intravenöse Applikation von Haloperidol zur Beherrschung des Delirium tremens.

Wir halten daher die Behandlung toxischer Delirien mit Haloperidol aus gegebenen Gründen für durchaus gerechtfertigt; vor allem brauchen wir nicht mehr die Kreislauf- und Atemdepression zu fürchten.

Diskussionsbeitrag zum Thema „Behandlung stationärer Alkoholkranker"

Von B. Neundörfer

Es sei mir erlaubt, im Kreise von vorwiegend psychiatrisch tätigen Kollegen als Neurologe mit meinen Anmerkungen einen mehr somatisch und pragmatisch ausgerichteten Akzent zu setzen. Zunächst sollen einige Hinweise zur Erhebung der Vorgeschichte bei Alkoholkranken vorausgeschickt werden, um dann in kurzen Umrissen den Behandlungsgang bei den wichtigsten neurologischen Alkoholfolgeerkrankungen in unserer Klinik in Mannheim zu skizzieren.

Bekanntermaßen fällt es den Alkoholkranken schwer, ihre Alkoholsüchtigkeit zuzugeben, und sie wird in der Regel bagatellisiert oder gar geleugnet. Um also einen Alkoholabusus zu eruieren, hat es sich bewährt, auf indirektem Wege über die Frage nach einigen typischen alkoholbedingten Beschwerdekomplexen dem Alkoholmißbrauch näher zu kommen. So ist z. B. auf die Frage, wann denn das erste Frühstück eingenommen werde, die Antwort „erst 2-3 Stunden nach dem Aufstehen" sehr kennzeichnend für einen längeren Alkoholabusus, da die Patienten wegen ihrer häufigen gastrointestinalen Beschwerden morgens Übelkeit und Brechreiz verspüren und nicht in der Lage sind, Speisen zu sich zu nehmen. Die erste Nahrungszufuhr erfolgt dann oft in den späten Morgenstunden schon in Form alkoholischer Getränke, um vor allem den sehr lästigen Alkoholtremor zu unterbinden, was ja dann in den bekannten „Teufelskreis" des immer weiter steigenden Alkoholkonsums, um den sich verstärkenden Tremor zu beseitigen, führt. Auch die Frage nach chronischen Durchfällen wird häufig positiv beantwortet. Weitere typische Symptome sind Gewichtsabnahme, Einschlafstörungen und als Zeichen der Alkoholpolyneuropathie nächtliche Wadenkrämpfe. Wenn man sich auf diese Weise erst einmal an den Beschwerdekomplex der Patienten herangetastet hat, ist es meist auch leichter, so nebenzu etwas über die Essens- und vor allem Trinkgewohnheiten der Patienten zu erfahren, als gleich mit der Frage „wie hältst du es mit dem Alkohol?" den Patienten zu überfallen.

Hinsichtlich der Behandlungsmethoden neurologischer Alkoholfolgeerkrankungen stellt sich zunächst die Frage nach der Behandlung des alkoholischen Prädelirs - geprägt durch die vegetativen Symptome wie Tremor, Hyperhidrosis, Tachykardie und in psychischer Hinsicht durch Unkonzentriertheit und Zerfahrenheit - und des Volldelirs.

In der Regel versuchen wir das *prädelirante Zustandsbild* durch orale Medikation mit Chlormethiazol (Distraneurin) abzufangen. Als wichtige Einschränkung gilt allerdings, daß Patienten mit chronischer Bronchitis oder anderen Erkrankungen, die die Atemwege bzw. das Atemzentrum gefährden, von vornherein ausgeschlossen werden sollen. Darüber hinaus erhalten auch Patienten, die schon einmal dieses Präparat eingenommen haben, gleichfalls kein Chlormethiazol, um nicht der Sucht Vorschub zu leisten. Jeder von uns kennt ja die Alkohol-Chlormethiazol-Pendler. Das Chlormethiazol wird höchstens 14 Tage lang in abgestufter Dosierung gegeben. Sind dann noch Symptome, meist leichterer Art, nachweisbar, weichen wir auf einen anderen Tranquilizer oder auf eine niedrig dosierte Haloperidol-Medikation aus.

Im *Volldelir* hat sich bei uns die parenterale Gabe von Haloperidol und Valium im

Wechsel bewährt, die dann nach Abklingen des Delirs auch per os abgestuft bis zum Ausschleichen weitergeführt werden kann. Aus eigenen negativen Erfahrungen halten wir eine Kombination von parenteral zugeführtem Chlormethiazol mit einem Neuroleptikum für kontraindiziert und die intravenöse Verabreichung von Chlormethiazol nur auf einer Intensivstation oder bei kontinuierlicher Überwachung durch eine gesonderte Pflegekraft für vertretbar.

Bei der Erörterung der Therapie der *Alkoholpolyneuropathie* müssen vorweg folgende Grundtatsachen beachtet werden: Eigene elektromyographische Untersuchungen und vor allem die elektronenmikroskopischen Untersuchungen von BISCHOFF haben gezeigt, daß bei relativ einheitlich klinischem Bild doch zwei pathogenetisch unterschiedliche Formen der Alkoholpolyneuropathie angenommen werden müssen. Auf der einen Seite steht die Form, die vorwiegend mit einer primären Myelinscheidenschädigung einhergeht, so daß im EMG lediglich eine Nervenleitgeschwindigkeitsverzögerung ohne wesentliche Denervationszeichen festzustellen ist; auf der anderen Seite findet sich jene Form, die vornehmlich auf einer axonalen Degeneration beruht, die im EMG zum Auftreten von pathologischer Spontanaktivität als Hinweis auf eine ablaufende Denervation ohne zunächst auffällige Nervenleitgeschwindigkeitsverzögerung führt. Nach ERBSLÖH und ABEL sowie BISCHOFF ist die erste Form vor allem metabolischer Natur, wobei der Vitamin B_1-Mangel eine führende Rolle spielen dürfte. Für die zweite Form werden direkte toxische Einflüsse, vor allem des Alkohols selbst wie auch seiner Abbauprodukte, wie Brenztraubensäure und deren Aldehyd etc. diskutiert.

Wenn man von diesen Überlegungen ausgeht, müßte jeder Patient mit Alkoholpolyneuropathie elektromyographiert werden, um diese Unterscheidung treffen zu können, was sich jedoch in praxi nicht verwirklichen lassen wird. Darüber hinaus haben eigene Erfahrungen gezeigt, daß es sich in einem Großteil der Fälle um Mischbilder handelt. Ganz pragmatisch vorgehend kann man deshalb folgende Empfehlungen geben: Neben der absoluten Alkoholkarenz sollte vor allem auf eine vernünftige ausgewogene Eiweiß-Fett-Diät geachtet werden und - obwohl vom Theoretischen mit Recht sehr umstritten - Vitamin B_1 zugeführt werden. Allerdings sollte man es - zumindest anfänglich - parenteral geben, da, wie Untersuchungen mit dem Xylosetest in unserer Klinik gezeigt haben, bei über einem Drittel der Patienten anfänglich Resorptionsstörungen im oberen Dünndarmbereich nachzuweisen sind, in welchem Abschnitt auch Vitamin B_1 aufgenommen wird. Die wichtigste Maßnahme ist und bleibt aber das absolute Alkoholverbot, so daß bei strenger Führung auch die schwersten klinischen Bilder sich in der Regel wieder zurückbilden. Schließlich sei noch darauf hingewiesen, daß das Wiederauftreten oder eine Verschlechterung der Restsymptomatik einer Alkoholpolyneuropathie als ein untrügliches Zeichen für einen Rückfall des Alkoholpatienten gelten kann, so daß die sorgfältige neurologische Untersuchung unbedingt auch zum Rüstzeug einer konsequenten Alkoholikerbetreuung gehören sollte.

Literatur

Bischoff, A.: Die alkoholische Polyneuropathie. Klinische, ultrastrukturelle und pathogenetische Aspekte. Dtsch. med. Wschr. 96 (1971) 317-322

Erbslöh, F., M. Abel: Deficiency neuropathies. In: Vinken, P. J., G.W. Bruyn: Handbook of Clinical Neurology. Bd. VII, 1. North-Holland Publ. Comp., Amsterdam 1970, 558-663

Hallen, O., B. Neundörfer, M. v. Rad: Neurologische Erkrankungen bei chronischem Alkoholismus. Nervenarzt 42 (1971) 57-65

Neundörfer, B.: Ein Beitrag zur Alkoholpolyneuropathie. Klinisches Bild sowie elektromyographische und elektroneurographische Untersuchungsergebnisse. Fortschr. Neurol. Psychiatr. 40 (1972) 270-286

v. Rad, M., H. R. Gelhard: Alkohol und Malabsorption in der Genese peripherer und zentraler Nervenschäden. 88. Wanderversammlung Südwestdeutscher Neurologen und Psychiater, 27./28. 5. 1972 in Baden-Baden

Ambulante Behandlung der Alkoholiker

Von W. Feuerlein

Eine der wesentlichen Grundlagen der ambulanten Behandlung von Alkoholikern ist die Bedarfsschätzung. Die Zahl der Alkoholiker in der Bundesrepublik Deutschland beträgt nach neueren Erhebungen 2-3% der Gesamtbevölkerung, d.i. etwa 1,2-1,8 Mio Alkoholiker. Diese Berechnung stützt sich auf eine repräsentative Umfrage mit einem Fragebogen, die von WIESER in Bremen im vergangenen Jahr durchgeführt wurde und die bisher noch nicht publiziert ist.

Die Zahl der Alkoholiker in den ärztlichen Praxen ist aber relativ gering, verglichen mit den Prozentzahlen der Alkoholiker in stationären Einrichtungen, die durchschnittlich auf 20% der gesamten Aufnahmen beziffert wird und bei Männern einen Wert von etwa 30% der Aufnahmen und mehr bis 58% erreicht. Eine Umfrage bei 185 Münchener niedergelassenen Ärzten (Nervenärzten, Internisten und Ärzten für Allgemeinmedizin) ergab 1970 folgendes: 80% von ihnen hatten 5 Alkoholiker und weniger pro Quartal, 6% der befragten Ärzte gaben an, mehr als 10 Alkoholiker pro Quartal zu behandeln. Von den Nervenärzten waren es nur 17%, die eine solche Alkoholikerfrequenz berichteten, während 71% von ihnen 5 Alkoholiker und weniger pro Quartal hatten. Auch in poliklinischen Einrichtungen ist der Prozentsatz der Alkoholiker nicht sehr hoch. In der Poliklinik der Psychiatrischen Klinik Mannheim waren es 1971 7%. Der Prozentsatz der Alkoholiker in der Poliklinik unseres Institutes betrug in den Jahren 1969-1971 11% des psychiatrischen Gesamtkrankengutes, was immerhin einer absoluten Zahl von rd. 250 im Jahr entspricht. Inzwischen ist aber die Zahl der Alkoholiker hier erheblich angestiegen: 1972 waren es 411 Fälle, d.h. 22% des psychiatrischen Gesamtkrankengutes. 30% aller männlichen Zugänge und 15% aller weiblichen Zugänge waren Alkoholiker, davon ein Viertel nicht behandlungsbereit. Dazu muß man aber betonen, daß diese Zahlen nur Erstaufnahmen betreffen. Die Zahl der behandelten Alkoholiker in den ambulanten Einrichtungen ist aber wesentlich höher und hängt generell auch von den Möglichkeiten der ambulanten Therapie ab. Diese sind im allgemeinen gering und sicher nicht befriedigend.

Ambulante Behandlungsmöglichkeiten

Da sich die Behandlung der Alkoholiker über Jahre erstrecken muß, ergibt sich, daß der Hauptteil dieser Behandlung ambulant zu erfolgen hat. Die stationäre Behandlung bleibt in der Regel nur auf eine relativ kurze Zeit beschränkt, gemessen an der Gesamtbehandlungsdauer. Ambulante und stationäre Behandlung sind aber nicht unabhängig voneinander, sondern müssen stets aufeinander bezogen sein. Die Aufgaben und die Möglichkeiten der ambulanten Behandlung lassen sich wie folgt charakterisieren:

1. *Erfassung der Patienten.* Untersuchung und Diagnosestellung. Die Erfassung der Patienten schließt eine Kontaktnahme mit den Angehörigen, Betrieben, Behörden, Selbsthilfeorganisationen und Suchtberatungsstellen, vor allen Dingen aber mit den überweisenden Ärzten ein.

2. *Vorbereitung der stationären Behandlung.* Information über Grundbegriffe des Alkoholismus, Weckung der Motivation für die Behandlung. Versuch, eine vorläufige Abstinenz zu erreichen. Behandlung der körperlichen und psychischen Störungen, insbesondere von Abstinenzerscheinungen, Vitaminmangelerscheinungen und von psychischen Störungen, soweit sie durch Psychopharmaka angegangen werden können. Evtl. Unterstützung der Abstinenz durch alkoholsensibilisierende Pharmaka (Disulfiram u.ä.).
3. *Nachgehende Behandlung* nach Entlassung aus der stationären Behandlung. Vertiefung des in der stationären Behandlung Erlernten, insbesondere durch Anwendung auf die praktischen Verhältnisse. Einbeziehung der Angehörigen.
4. *Alleinige ambulante Behandlung* ohne Einschaltung einer stationären Behandlungsphase: bei gut motivierten Alkoholikern, die sich in einem mittelmäßigen bis guten körperlichen Zustand befinden, mindestens leidliche soziale Verhältnisse aufweisen, ist eine solche Behandlung möglich.

Der ambulanten Behandlung stehen natürlich wesentlich weniger *Verfahren* zur Verfügung als sie in der stationären Behandlung möglich sind. In erster Linie ist neben der schon erwähnten medikamentösen Behandlung das Einzelgespräch hervorzuheben, das Anfang und Basis jeder sonstigen Therapieform darstellt und zur Diagnostik, insbesondere zur genauen Analyse des süchtigen Verhaltens, zur Information über den Patienten und seine Motivation, vor allen Dingen aber zur Motivationsstiftung für die weitere Therapie dient. In manchen Fällen gelingt es auch, die Patienten mit Einzelgesprächen über längere Zeit zu halten und auch oberflächlich liegende Konflikte und Fehlhaltungen aufzuarbeiten, vor allen Dingen bei systematischer Anwendung der Gesprächstherapie nach den Prinzipien von RODGERS bzw. TAUSCH. Die Gruppentherapie, ebenfalls in der ambulanten Behandlung möglich, erfolgt vorwiegend als didaktisch-informative oder pädagogisch-direktive Therapie, aber auch als analytisch ausgerichtete Therapie. Sie ist unter den niedergelassenen Ärzten offenbar wenig verbreitet. Bei der erwähnten Rundfrage 1970 vermittelten nur 5% der Ärzte ihren Patienten „gelegentlich" oder „meistens" eine solche Behandlung. Auch die Behandlung mit pragmatischen psychotherapeutischen Verfahren wie Hypnose und autogenem Training wird in der Praxis nur relativ wenig angewandt (nur in 15% der Fälle nach unseren Erhebungen); dabei ist sie als unterstützende Therapie durchaus wertvoll. Weitere psychotherapeutische Maßnahmen, die auch für die ambulante Behandlung in Frage kommen, sind die Familientherapie und für einzelne, schwer neurotische Fälle die Psychoanalyse, u. U. auch das Psycho- und Soziodrama. Einer besonderen Besprechung bedarf die Verhaltenstherapie, die als Aversiontherapie auch im ambulanten Bereich durchführbar ist. Andere verhaltenstherapeutische Verfahren, die sich für die ambulante Therapie eignen, sind noch umstritten bzw. sind in Erprobung. Nicht zuletzt sei auch an die Sozialhilfemaßnahmen im Sinne des Case-work oder Group-work erinnert.

Nachsorge

Die Nachsorge für den Alkoholiker ist eine der Hauptaufgaben der ambulanten Therapie, sie ist aber insgesamt bisher sehr unbefriedigend gelöst. Dies zeigen Ergebnisse einer katamnestischen Untersuchung an Alkoholikern, die in einem bayerischen Nervenkrankenhaus behandelt worden waren und nach einem halben Jahr nachuntersucht wurden. Es waren 190 unausgelesene Alkoholiker, die dort im Zeitraum vom

1. 5. bis 31. 7. 1972 entlassen worden waren (darunter 140 Männer). Von diesen konnten 121 eingehend befragt werden, oder entsprechende Informationen konnten von den Angehörigen eingeholt werden (64%). Von weiteren 32 (=17%) liegen mehr oder minder unvollständige Informationen vor. 24 (=14%) waren nicht auffindbar, 8 Patienten (=4%) waren verstorben. Die katamnestischen Untersuchungen ergaben, daß von den 141 Fällen, die entsprechende Antworten geben konnten, in 99 Fällen (=67%) eine Nachbetreuung nach der Entlassung überhaupt nicht stattgefunden hat.* Von den 141 Fällen waren 46 (=24%) sicher nicht zu einer Nachbetreuung überwiesen worden. Die Nachbetreuungsrate war signifikant höher ($p < 0,05$), wenn die stationäre Behandlung intensiver war (im Sinne einer Gruppentherapie). Sonstige Variablen wie Höhe des Alkoholkonsums oder zusätzliche psychiatrische Störungen, die sich in einer Zusatzdiagnose niedergeschlagen haben, standen ohne signifikanten Zusammenhang mit der tatsächlich erfolgten Nachbetreuung. Eine genaue Analyse der Nachbetreuungsfälle ergab, daß 12 von ihnen bei den anonymen Alkoholikern waren und 18 durch das Gesundheitsamt nachbetreut wurden. Die restlichen 12 Fälle verteilten sich auf sonstige Selbsthilfegruppen, Suchtberatungsstellen und Sozialarbeiter. Von den 42 nachbetreuten Fällen wurden nur 12 alle 8-14 Tage betreut, 6 nur einmal im Monat, 5 einmal in 3 Monaten, der Rest überhaupt nur einmal. Geht man davon aus, daß eine Nachbetreuung nur dann sinnvoll ist, wenn sie mindestens einmal im Monat stattfindet, so reduziert sich die Anzahl der Patienten, die eine solche Nachbetreuung hatten, auf 18. Diese 18 Patienten setzten sich aber hauptsächlich aus Alkoholikern zusammen, die sich einer Selbsthilfegruppe angeschlossen haben oder die von Suchtberatungsstellen oder Sozialarbeitern nachbetreut wurden.

Nicht viel besser war es um die *ärztliche Nachbehandlung* bestellt. Von den 141 Fällen wurden nur 55 (39%) nachbehandelt, davon 29 (21%) durch den Hausarzt, je 13 (9%) durch Nervenfachärzte bzw. psychiatrische Polikliniken.

Versucht man, den *Erfolg* der Nachbetreuung abzuschätzen, so muß man zunächst das Ergebnis der gesamten Patientenzahl berücksichtigen. Von den 141 Patienten blieben 38 (24%) abstinent bzw. betrieben einen mäßigen Alkoholkonsum. 101 (76%) hatten einen totalen Rückfall in die alten Trinksitten. Bei 2 blieb der Alkoholkonsum unbekannt. Von diesen 101 Patienten waren 33 (=33%) nachbetreut und 68 (67%) nicht nachbetreut worden. Das ist ein Verhältnis von etwa 2:1. Von den 38 total Abstinenten bzw. mäßig Trinkenden waren 29 (76%) nicht nachbetreut worden und nur 9 (24%) nachbetreut worden. Hier ist das Verhältnis 3:1, also ungünstiger bei den Rückfälligen.

Gehen wir von den 42 nachbetreuten Fällen aus, so blieben 2 abstinent, 7 trieben einen mäßigen Alkoholkonsum, während 33 (78%) in den alten Trinkstil zurückfielen. Von den 99 nicht Nachbetreuten blieben 8 abstinent, weitere 21 konsumierten in mäßigem Umfang Alkohol (=zusammen 29%). 68 (=68%) wurden rückfällig. Ähnlich verhält es sich mit den Wiederaufnahmen zur stationären Behandlung. Von den nachbetreuten Patienten wurden 48%, von den nicht nachbetreuten 37% stationär aufgenommen. Allerdings braucht dies noch nicht ein Zeichen der schlechten Prognose zu sein, vielmehr kann die Nachbetreuung die hier ohnehin notwendige stationäre Aufnahme beschleunigt haben. Aus den übrigen Zahlen ließe sich aber

---

* Unter „Nachbetreuung" wurden (im Gegensatz zur ärztlichen „Nachbehandlung") Aktivitäten durch die AA und sonstige Selbsthilfegruppen, Sozialarbeiter und Bewährungshelfer und andere nichtärztliche Therapeuten sowie durch das Gesundheitsamt verstanden.

eher ein ungünstiger Erfolg der Nachbetreuung ablesen. Doch ist es sicher gefährlich, so weitreichende Folgerungen aus dieser ersten Analyse der Zahlen zu ziehen. Eine weitere Auswertung muß erfolgen. Immerhin lassen sich vielleicht folgende Schlüsse ableiten:

1. Die *Nachbetreuung allein ist nicht ausreichend.* Wenn sich aus den Katamnesen der Patienten aus Heilstätten ein deutlicher Unterschied hinsichtlich des Langzeiterfolges ergibt, je nachdem ob eine Nachbetreuung stattgefunden hat oder nicht, so läßt sich dieser Befund nicht verallgemeinern. Es kommt dann offenbar darauf an, ob die stationäre Behandlung entsprechend effizient war und ob die Nachbetreuung qualitativ entsprechend war.
2. Die eher ungünstigen Ergebnisse der Nachbetreuung könnten auch mit anderen Variablen zusammenhängen. So könnte es sein, daß sich *unter den Nachbetreuten mehr primär auffällige,* prognostisch ungünstige Patienten befinden, die dann vom Gesundheitsamt zwar gesehen, aber nicht genügend effizient nachbetreut werden konnten. Außerdem wäre es möglich, daß diejenigen stationären Patienten, denen die intramurale Behandlung eine echte „Umkehr" brachte, von sich aus auf eine Nachbetreuung verzichteten, weil sie sie gar nicht für nötig erachteten, während die primär schwer neurotischen und abhängigen Alkoholiker, deren Prognose überhaupt ungünstig ist, in höherem Prozentsatz Nachbetreuungsinstitutionen aufsuchten.
3. Die *Überweisung* zur Nachbetreuung allein *genügt nicht.* Es bedarf weiterer Anstrengungen, um den Patienten in die ihm entsprechenden Gruppen zu bringen. Erst recht genügen nicht die allgemeinen Angebote der Nachbetreuung. Wenn man bedenkt, daß praktisch alle Patienten in einem bayerischen Nervenkrankenhaus entsprechend den dortigen Gepflogenheiten während ihres stationären Aufenthaltes mindestens einmal, meistens mehrmals die Möglichkeit hatten, Kontakt mit den AA bzw. mit dem Blauen Kreuz aufzunehmen, aber nur 12% von ihnen diesen Kontakt später aufnahmen, so sieht man, daß die einmaligen Veranstaltungen nur einen ungenügenden Erfolg haben.
4. Ein weiterer Grund für die ungenügende Nachbetreuung liegt natürlich in den *äußeren Gegebenheiten.* Hier bestehen erhebliche Unterschiede zwischen Stadt und Land. Von den Patienten, die in einer Stadt wohnen, wurden 25% nachbetreut, von den Landbewohnern nur 11%. Ein weiterer Grund ist die mangelnde Motivation. Die meisten Patienten waren unfreiwillig aufgenommen worden. Meist gelang es nicht, bei den Patienten eine genügende Krankheitseinsicht und Motivation zu wecken.

Vorschläge für die Verbesserung der ambulanten Behandlung:

1. Bessere Anwendung der vorhandenen therapeutischen Verfahren

Bei der erwähnten Umfrage bei Münchener Ärzten zeigte sich, daß die Ärzte von den vorhandenen therapeutischen Verfahren zu wenig Gebrauch machen.

2. Verbesserung der Zusammenarbeit der einzelnen Instanzen

Die schon erwähnte Umfrage bei den Münchener Ärzten ergab weiterhin, daß 55% selten oder nie mit Instanzen der Sozialarbeit oder speziellen Suchtberatungsstellen zusammenarbeiten. Von den Nervenärzten waren es immerhin 37%, also mehr als ein Drittel, die eine Zusammenarbeit mit den oben genannten Institutionen verneinten. Dabei ist zu bedenken, daß 24% der Nervenärzte diese beiden Fragen überhaupt nicht beantwortet haben. Dieses Ergebnis kann dahingehend interpretiert werden, daß derartige Institutionen zu wenig bekannt sind, es könnte aber auch sein, daß die Erfahrungen mit diesen Institutionen ungünstig waren.

3. Entwicklung von neuen und besseren diagnostischen Methoden zur Früherfassung der Alkoholiker und zur Objektivierung ihrer Diagnose

Viele Alkoholiker leugnen oder verdrängen ihren Alkoholabusus. Ein ähnliches Verleugnungs- oder Verdrängungsverhalten besteht von seiten mancher Ärzte. Sie sind nicht davon überzeugt, daß die angegebenen Alkoholkonsummengen ihrer Patienten einen Alkoholabusus darstellen bzw. daß die festgestellten Krankheitssymptome und Verhaltensstörungen Ausdruck des Alkoholismus sind. Andererseits besteht bei manchen Ärzten eine geradezu fatalistische Haltung gegenüber fortgeschrittenen Alkoholikern. Deren Prognose wird als absolut ungünstig eingeschätzt, was natürlich die therapeutischen Aktivitäten lähmt.

4. Verbesserung der vorhandenen therapeutischen Methoden bzw. Entwicklung neuer therapeutischer Verfahren, die sich für die ambulante Therapie eignen

Dies gilt sowohl für die ärztlichen Therapeuten wie für die nichtärztlichen. Gerade das Ergebnis der katamnestischen Untersuchungen zeigt, daß auf dem Gebiet der Nachbetreuung in methodischer Hinsicht noch manche Wünsche offenbleiben.

Im einzelnen wären folgende Ziele zu setzen:

a) *Medikamentöse Behandlung*

Zur Bekämpfung von Abstinenzsymptomen sollten Mittel verwendet werden, die keine Abhängigkeit erzeugen (wie z.B. das Chlormethiazol) und keine Nebenwirkungen aufweisen. Es sollten des weiteren sog. Alkoholblocker entwickelt werden, die den Alkoholabbau stoppen und durch die Anhäufung von toxisch wirkenden, intermediären Stoffwechselprodukten aversiv wirken oder die Wirkung des Alkohols aufheben. Diese Medikamente sollten eine geringere Eigentoxizität haben als etwa das Disulfiram; sie sollten sicher und kontrollierbar anwendbar sein.

b) *Psychologische Mittel*

Es besteht das dringende Bedürfnis nach dem Ausbau von psychotherapeutischen Verfahren, die in der Praxis relativ leicht in großem Umfang anwendbar sind. Dies gilt insbesondere für gruppentherapeutische Verfahren wie für die Gesprächstherapie. Besonderes Augenmerk sollte auf den Ausbau der verhaltenstherapeutischen Techniken gelegt werden, die in der ambulanten Therapie angewandt werden können. Sie sollten den Aversionsverfahren, die in der Suchtkrankentherapie öfters angewandt werden, überlegen sein. Die Versuche mit Selbstkontrollmethoden erscheinen erfolgversprechend, obwohl es außerordentlich schwierig ist, diese Methoden in der ambulanten Praxis entsprechend durchzuführen.

5. Ausbildung

Alle diese Maßnahmen können nur Erfolg haben, wenn es gelingt, das *Interesse* der niedergelassenen Ärzte und der sonstigen für die ambulante Therapie in Frage kommenden Therapeuten in größerem Umfang zu wecken als bisher. Voraussetzung ist eine *bessere Ausbildung.* Nur an einer Minderzahl der deutschen Hochschulen werden Vorlesungen über Alkoholismus und Suchtkrankheiten gehalten. Auch in den Lehrbüchern der Psychiatrie findet man viel zu wenig darüber. Kaum 5% der zur Verfügung stehenden Seiten werden diesem Problem gewidmet, wobei immer noch die Alkoholpsychosen den meisten Raum einnehmen, während Alkoholismus und Suchtentwicklung kaum besprochen werden.

6. Verbesserung der Organisation der Behandlung

Nahziele:

a) *Einrichtung bzw. Verbesserung der Nachsorgeeinrichtungen,* die von den intramuralen Instanzen, insbesondere psychiatrischen Landeskrankenhäusern, getragen werden. In erster Linie ist an die Einrichtung von Ehemaligen-Gruppen an den Orten der Landeskrankenhäuser bzw. in den größeren Städten ihres Einzugsgebietes zu denken. Um dies durchführen zu können, wäre es notwendig, genügend Ärzte, Psychologen und Sozialarbeiter für diesen Zweck freizustellen. Ärzte sollten gegebenenfalls durch Ermächtigungsverträge am kassenärztlichen Dienst beteiligt werden.

b) *Verbesserung des Sozialdienstes* an den Landeskrankenhäusern durch Erhöhung der Planstellen. Das Minimalziel sollte sein, daß kein Alkoholiker entlassen wird, der nicht über eine entsprechende Arbeitsstelle und Wohnung verfügt und der nicht einen ernsthaften Kontakt mit einer Nachsorgeeinrichtung aufgenommen hat. Die Vermehrung und Verbesserung der Übergangseinrichtungen wie Wohnheime und Nachtkliniken ist ebenfalls anzustreben. Diese Übergangseinrichtungen brauchen zu ihrer Leitung und Betreuung vor allen Dingen speziell geschulte Sozialarbeiter.

c) Der *Kontakt* der einzelnen Selbsthilfeorganisationen und anderer Nachbetreuungsstellen zu den intramuralen Einrichtungen und Nervenärzten sollte *verbessert* werden. Auch die einzelnen Nachbetreuungseinrichtungen sollten untereinander besseren Kontakt haben. Ein Konkurrenzverhalten zwischen den einzelnen Organisationen, wie es hin und wieder beobachtet wird, geht zu Lasten der Patienten.

Fernziel

Einrichtung von Fachambulanzen, die Zentralen der genannten extramuralen Aktivitäten darstellen sollen. Diese Fachambulanzen sollen zunächst in Großstädten aufgebaut werden und einen sektorisierten Bezirk betreuen. Ihre personelle Ausstattung müßte so bemessen sein, daß mindestens in den Großstädten ein 24-Stunden-Dienst gewährleistet ist. Das Personal sollte neben speziell geschulten Nervenärzten und Sozialarbeitern auch Psychologen umfassen. An diese Fachambulanzen sollten kleine Heime für kurzfristige Aufnahmen zur Krisenintervention angeschlossen werden. Diese Fachambulanzen sollten Kontakt mit allen in Frage kommenden Instanzen, insbesondere intramuralen Einrichtungen wie Landeskrankenhäusern, Allgemeinkrankenhäusern, aber auch Wohnheimen und sonstigen Heimen halten, ferner enge Kontakte mit niedergelassenen Ärzten, vor allem Nervenärzten, den Instanzen des Sozialdienstes, der Betriebe und Behörden. In praxi wäre eine Umwandlung bestehender Strukturen in derartige Fachambulanzen anzustreben. Die Einbeziehung niedergelassener Ärzte mit Spezialkenntnissen in diese Fachambulanzen wäre wünschenswert.

Literatur

Feuerlein, W.: Die Behandlung der Alkoholiker in der ärztl. Praxis. Sozialpsychiatrie 7 (1972) 36-46

Feuerlein, W.: Chronischer Alkoholismus. Entstehungsbedingungen - Therapie. Nervenarzt 43 (1972) 389-398

Feuerlein, W., G. Kunstmann: Die Häufigkeit des Alkoholismus. Vergleich zwischen verschiedenen Krankenanstalten. Münch. Med. Wschr. 115 (1973) 1991-96

Wieser, S.: Die Prävalenz des Alkoholismus im Bundesland Bremen. Unveröffentlichtes Manuskript (1973)

Zorn, R., W. Feuerlein: Nachsorge für Alkoholiker nach stationärer Behandlung. Unveröffentlichtes Manuskript (1974)

Nachgehende Betreuung von Alkoholkranken

Von D. Class

Der Diskussionsbeitrag soll drei Gesichtspunkte beinhalten:

I. In welche Umwelt entlassen wir unsere Patienten?

II. Unser derzeitiges Angebot im Hinblick auf die Wiedereingliederung.

III. Maßnahmen, die zur Verbesserung des Behandlungsergebnisses beitragen sollen.

I. Wie sieht die Umwelt aus, in die wir den Alkoholiker entlassen?

a) *Wir entlassen ihn in eine Umwelt,* in der 97% der Bevölkerung über 16 Jahre Alkohol trinken, er wird also bei einer Minderheit von 3% der bundesdeutschen Bevölkerung angesiedelt. Erfahrungsgemäß haben es Minderheiten immer schwer, sich zu behaupten, und gerade die sog. „Mäßigtrinkenden" sind es, die kein Verständnis für den „nassen" Alkoholiker aufbringen können, und auch der „trockene" Alkoholiker erntet nicht immer Verständnis, sondern er steht in Gefahr, belächelt oder vielleicht auch bemitleidet zu werden.

b) *Wir entlassen ihn in eine Gesellschaft,* die im Jahre 1972 28,2 Milliarden D-Mark für alkoholische Getränke ausgegeben hat, der Alkohol gehört also in allen Lebenslagen einfach dazu, dazu kommt noch eine massive Werbung in den Massenmedien. Für die Bierwerbung wurden 94 Millionen, für Sekt 28 Millionen, für harte Spirituosen 184 Millionen, für die Weinwerbung 18 Millionen ausgegeben, insgesamt also 324 Millionen. Das Braugewerbe und die Weinbauverbände haben eine sehr starke Lobby in Bonn.

c) *Wir entlassen ihn in eine Gesellschaft,* in der der therapeutische Nihilismus gegenüber dem Alkoholiker sehr weit verbreitet ist, diesen trifft man nicht nur häufig bei den Allgemeinmedizinern an, sondern auch in unseren Kliniken. Man kuriert an den Symptomen herum, aber eine echte Therapie unterbleibt aus den verschiedensten Gründen, ja man versucht, dieser Krankheit mit Begriffen aus der Moral zu begegnen.

d) *Wir entlassen ihn in eine Gesellschaft,* in der die Vorurteile gegenüber unseren Psychiatrischen Kliniken tief verwurzelt sind und in der der behandelte Patient erheblich darunter zu leiden hat.

e) *Wir entlassen ihn in eine Gesellschaft,* in der man die Betreuung der Alkoholiker weitgehend den Kirchen überlassen hat, und dann wird noch versucht, diese Gruppen, die Pionierarbeit geleistet haben, in die Ecke der „weltfremden Sektierer" zu stellen.

f) *Wir entlassen ihn in eine Gesellschaft,* in der der Suizid eine steigende Tendenz aufweist (1971 12838 Suizide - an der Leberzirrhose starben in demselben Zeitraum 15215 Personen). Die Suizidquote liegt bei Suchtkranken bis zu 75mal höher als bei der Normalbevölkerung, dabei ist der Alkoholiker in der postalkoholischen Phase besonders stark gefährdet, weil er dann seine Hilflosigkeit, Schwäche, Unfähigkeit besonders empfindet und es ihm oft nicht gelingt, von seinem Selbstmitleid „Abschied" zu nehmen.

g) *Wir entlassen ihn in eine Gesellschaft,* die nur Leistung und den Konsum kennt, in der das Gemüt immer mehr verkümmert, also eine Entleerung der Innenwelt. Mit was soll dieser Notzustand beendet werden? Welche Antwort gibt die Gesellschaft dem Alkoholiker, an der er sich orientieren kann?

II. Erkenntnisse aus der Therapie

1. Wir führen hier eine *erweiterte* Entgiftungsbehandlung durch, soweit diese im Rahmen eines Psychiatrischen Großkrankenhauses möglich ist. Eine Abgrenzung gegenüber der „Offenen Heilstätte für Alkoholkranke" mit der Langzeitbehandlung von 6 und mehr Monaten ist schon im Hinblick auf unser Patientengut notwendig.

2. *Wir sind uns dessen bewußt, daß die Klinikbehandlung nur ein Teil der Behandlung sein kann, daß eine Weiterbehandlung erfolgen muß.*

3. *Wir sind uns auch dessen bewußt, daß wir gegenüber dem Kostenträger eine Verantwortung tragen, wenn man bedenkt, daß z.B. ein Verheirateter mit zwei Kindern bei einem Bruttoverdienst von DM 1425,– und einem Tagessatz von DM 59,– und Krankengeld von DM 39,95 bei einer Behandlungsdauer von 56 Tagen Aufwendungen von insgesamt DM 5531,20 erfordert.*

Jeder der hier behandelten Alkoholiker, es waren vom 20. 1. 1973 bis 19. 1. 1974 *549 Männer, erhält die Möglichkeit, schon hier* mit den *Mitarbeitern der Beratungsstellen von Suchtkranken Kontakt* zu bekommen. Diese hauptamtlichen Kräfte in der caritativen Suchtkrankenfürsorge arbeiten sehr eng mit uns zusammen, *wir sind auf die Zusammenarbeit angewiesen.*

Es bestehen in der Pfalz *6 Beratungsstellen des Diakonischen Werkes und 2 Beratungsstellen des Caritas-Verbandes.*

Diese Beratungsstellen sind in unserem Einzugsbereich tätig.

Die Beratungsstellen für Suchtkranke betätigen sich nicht nur in der Einzelfallhilfe, sondern auch zunehmend in der Gruppenarbeit. Dankenswerterweise halten 2 Mitarbeiter dieser Beratungsstellen regelmäßig Gruppenstunden in der Klinik ab. Also eine weitere Öffnung nach außen.
Um diese Beratungsstellen herum haben sich sogenannte *Freundeskreise* gebildet, die in allen größeren Städten in der Pfalz aktiv sind, so daß das Angebot für unsere Patienten ausgesprochen gut ist.
Zusätzlich halten *verschiedene Freundeskreise* hier in unserer Klinik regelmäßig *Informationsveranstaltungen* ab, auch die AA führt hier ihre Meetings durch.
Es ist unser aller Anliegen, unsere Patienten einem Kreis von Abstinenten anzuschließen. Um einem Wunsch unserer Patienten gerecht zu werden, haben wir das sogenannte *Landeck-Treffen am 1. Mai* eingeführt, dazu erschienen im vergangenen Jahr ca. 120 Patienten mit ihren Angehörigen. Neben dem Gottesdienst, den Gesprächen in kleinen Gruppen findet dann am Nachmittag eine Hauptversammlung statt, die unter einem bestimmten Motto steht. Dieses Jahr war es das Motto „Mit Konflikten leben". Der Tag klingt dann mit dem Tanz in den Mai fröhlich aus.
Kleinere Treffen unserer Patienten wurden in *Ludwigshafen* und *Kaiserslautern* durch unseren *Sozialdienst* durchgeführt. Diese Treffen sind kein Ersatz für die bestehende Freundeskreisarbeit, sondern eine Ergänzung, also auch hier ein echtes Miteinander. Außerdem tragen sie dazu bei, die bereits vorher erwähnten Vorurteile gegenüber unserer Einrichtung abzubauen, darüber hinaus sind Bindungen zu unserer Klinik entstanden.

Die *Arbeitsverwaltung* ist im Rahmen der Wiedereingliederung hier eingeschaltet, es finden regelmäßig Beratungsgespräche in unserem Sozialdienst statt.
Erwähnt soll noch werden, daß die Heimstiftung der Pfälz. Landeskirche *zwei Heilstätten* (Fachkrankenhaus für Suchtkranke) *in der Pfalz* (Hermersbergerhof und Michaelshof bei Kirchheimbolanden) betreibt. Eine Verlegung unserer Patienten während oder nach der hiesigen Behandlung in eine offene Heilstätte erfolgt in der Regel nicht. Zunächst sollte der Behandlungserfolg abgewartet werden; ist dieser negativ, so bleibt es der betreuenden Beratungsstelle überlassen, ob eine nochmalige Behandlung hier oder eine Langzeitbehandlung in einer entsprechenden Heilstätte in Betracht kommt.

III. Was muß noch getan werden?

Vorsorger

Immer wieder stellen wir fest, daß die Aufklärung in der Öffentlichkeit im Hinblick auf den Alkoholismus äußerst mangelhaft ist, ja, daß sie oft verzerrt dargestellt wird. Es wäre daher zu fordern, daß bei der *Bezirksregierung* die *Stelle des Vorsorgers eingerichtet* werden sollte, der eine sachbezogene Informationsarbeit, besonders in den Schulen, Volkshochschulen, bei der Bundeswehr usw. betreiben müßte. In der *Schweiz* ist dieses Amt bereits mit gutem Erfolg eingerichtet worden, und das kleine *Norwegen* hat 3 sogenannte Reichsinstruktoren eingesetzt.
Die Zusammenarbeit der Ärzte mit den bestehenden Beratungsstellen muß ausgebaut werden, so sollte der behandelnde Arzt die Beratungsstelle in die Betreuung einschalten, und erst nach gemeinsamer Absprache müßte entschieden werden, ob die Einweisung in eine Heilstätte oder in eine Klinik notwendig ist. Eine Folge dieses Verfahrens wäre, daß die bestehenden Beratungsstellen zu *Behandlungsstellen* erweitert werden müßten, denn zur Zeit sind diese weithin sogenannte *„Einmannbetriebe".*
Man ist dankbar, daß es derartige Einrichtungen gibt, aber man läßt die Fürsorger sehr oft allein.
Auch die *Behörden* delegieren gerne an die Beratungsstellen, denn die Arbeit mit dem Suchtkranken läßt sich in der Öffentlichkeit schlecht „verkaufen". Vielleicht wäre noch zu erreichen, daß die *Krankenkasse* erst dann die Kosten für eine stationäre Behandlung übernimmt, wenn die Notwendigkeit der Einweisung durch den Arzt und durch die erweiterte Beratungsstelle bestätigt wurde; manche Fehleinweisung würde dann unterbleiben.

Ambulatorien

Schwerpunktmäßig sollte in den Großstädten die Einrichtung von Ambulatorien geplant werden. Ein Ambulatorium sollte beinhalten: *Eine Behandlungs- und Beratungsstelle,* bestehend aus *einem Beratungsteam* von Arzt, Psychologe, Sozialarbeiter und evtl. Seelsorger. Weiterhin müßte an dieses Ambulatorium ein *Wohnheim* mit geschütztem Arbeitsplatz und ein *Überleitungsheim* angeschlossen sein. Um die Durchlässigkeit dieser beiden Heime zu gewährleisten, wären dann als weiterer Schritt *Wohngemeinschaften* einzurichten. Ambulatorien dieser Art werden z. B. in Oslo mit gutem Erfolg praktiziert.

Sondereinrichtung

Einrichtung eines Heimes mit geschützter Werkstätte für die sogenannten depravierten Alkoholiker oder auch Dauerrückfäller, die nach einer klinischen Behandlung weder in einem Altersheim noch in einem Pflegeheim oder in einer sonstigen Einrichtung gehalten werden können. Sicherlich ist diese Aufgabe recht schwierig, aber bis jetzt hat man sich um die Lösung dieser Frage doch mehr oder weniger herumgedrückt.

Landesstelle gegen Suchtgefahren

Um eine echte Intensivierung der Arbeit für den Suchtkranken zu erreichen, wäre es sicherlich notwendig, daß die *bestehende Landesstelle gegen Suchtgefahren* aktiviert wird. Die gesamte Planung in einem Regierungsbezirk, besser noch in einem Bundesland, sollte aufeinander abgestimmt werden.
Das sind sicherlich Pläne, die in die Zukunft weisen, aber ich glaube, wir alle, die wir täglich im Dienst am Menschen stehen, können diesen nicht tun, ohne uns täglich selbst in Frage zu stellen. Aus dieser Haltung heraus sind wir aufgefordert, alles zu tun, um dem Alkoholkranken zu helfen, daß er wieder ein Leben führen kann, das den Begriff *lebenswert* verdient.

Diskussion

Häfner, Mannheim: Ich möchte erst eine Frage an Herrn Kryspin-Exner stellen und dann noch kurz auf einiges aus dem Referat von Herrn Feuerlein eingehen. Herr Kryspin-Exner, Sie haben uns deutlich gemacht, daß die Gruppenarbeit bei Alkoholikern besonderen therapeutischen Wert hat, und dann darauf hingewiesen, daß in der Persönlichkeit des Alkoholikers ein Moment liegt, das sie besonders erleichtert und fördert, die Tendenz zur Gruppenbildung, Sie haben sie mit dem Wort „Kumpanei" verständlich gemacht. Nun, das ist sicher ein entscheidender Faktor, der etwa bei Selbsthilfegruppen ein enorm wirksames Prinzip ist. Die Frage stellt sich nur, hat dieser Faktor in einem begrenzten Bereich – solche generellen Aussagen haben ja oft einen kleinen Bereich, worin sie nicht mehr zutreffen – hat dieser Faktor etwa in einem begrenzten Bereich auch ungünstige Wirkungen? Das ist die Frage, die ich an Sie stellen wollte, und sie hängt damit zusammen, daß gerade bei männlichen Alkoholikern, die im zweiten und dritten Lebensjahrzehnt in den Alkoholismus eingeführt werden, diese Tendenz zur Gruppenbildung schon vorher besteht. Etwa aus den ROOMschen Untersuchungen geht hervor, daß die Initiation in den Alkoholismus in diesem Alter in engem Gruppenkontakt, im Aug zu Aug-Kontakt, unter einer bestimmten Gruppenideologie geschieht. Daraus erhebt sich die Frage, inwieweit kommt in den später gebildeten Gruppen möglicherweise auch dieser Faktor mit ins Spiel und kann Rückfallgefährdung bewirken? Also inwieweit sind Individuen, die als Ansteckende in Betracht zu ziehen sind, auch in der Therapie negativ wirksam? Bei den anonymen Alkoholikern ist dieser Faktor vielleicht ausgeschlossen, weil die Abstinenz zum Gebot gemacht wird. Vorerst lasse ich es bei dem einen Thema und bringe meine Frage an Herrn Feuerlein später.

Kryspin-Exner, Wien: Darf ich für die sehr interessante Frage danken, die selten gestellt wird. Von allen Übeln, die es gibt für den abstinenten Alkoholkranken, ist die Gruppenbildung noch das geringste. Das heißt aber nicht, daß sie eine optimale Methode ist. Wenn man es genau durchleuchtet, so sind in den Gruppen abstinenter Alkoholiker eine Fülle von pathologischen Mechanismen von früher und auch von neu gebildeten abnormen Mechanismen hier immer nachzuweisen. Es gibt amerikanische Untersuchungen, die zeigen, daß also die Rate etwa der Ehescheidung und der verschiedenen devianten Verhaltensweisen bei den Mitgliedern der AA signifikant höher ist. Es weisen alle diese Selbsthilfegruppen gewisse pathologische Züge auf, und es gibt immer wieder Fälle, bei denen die Ausklammerung aus diesen Gruppen dann erst einen optimalen Therapieeffekt erkennen läßt. Wir müssen also eigentlich sagen, daß die Gruppenbildung eine Durchgangstechnik ist, die später im Verlauf einer kompletten Heilung aufgegeben werden sollte; das hat sich in vielen, vielen Fällen im Laufe von etwa zehnjähriger Beobachtung gezeigt, daß nur der aus abnormen Gedankengängen wirklich herauskommt, der sich letztlich von diesen therapeutisch sehr wirksamen Gruppen entfernt. Es haben also, daß muß ich zugeben – und ich bin sehr dankbar, daß ich das einmal sagen darf – diese Gruppen auch viele pathogene Faktoren in sich, wobei der Vorteil überwiegt, daß, wenn der Druck zur Abstinenz sehr groß ist, trotz abnormer Verhaltensweisen der Patient die Abstinenz einhält, und das ist die Conditio sine qua non, und daher müssen wir diese Mechanismen einfach in Kauf nehmen.

Schwalbe, Alzey: Ich habe auch eine Frage an Herrn Professor Kryspin, und zwar: wenn Sie die Alkoholiker mit Psychopharmaka einstellen bzw. mit Thymoleptika, was machen Sie bei der Entlassung aus der stationären Behandlung? Erste Frage, wenn er nämlich dann noch trinkt und mit unseren Medikamenten gegen einen Baum fährt, hat das ja gewisse juristische Komplikationen; wir werden ja oft gefragt, wer war schuld? Die Tablette oder der Alkohol?

Kryspin-Exner, Wien: Die Psychopharmakotherapie darf nicht in Form einer Einstellung gehandhabt werden, sondern muß eine gezielte Indikation haben. Es ist also sehr methodisch unrichtig, einen Alkoholkranken mit einer bestimmten Dauermedikation zu entlassen, sondern ein bestimmtes Syndrom erfordert eine bestimmte Psychopharmakotherapie. Etwa eine depressive Phase eine antidepressive Therapie usw., so daß eine Dauereinstellung auf Psychopharmaka in dem Sinn eigentlich methodisch nicht zulässig ist. Es sei denn, es sind vegetativ stabilisierende, in geringer Dosis verabreichte Neuroleptika, die aber dann wieder die Fahrtüchtigkeit ja nicht beeinträchtigen. Es sind ja Zehntausende von psychiatrischen Patienten auf hohe Dosen von Neuroleptika eingestellt, das ist wieder ein ganz anderer Themenkreis, und fahren trotzdem, nicht wahr, das gilt auch für die Alkoholkranken, aber bitte keine Routineeinstellung wäre anzustreben, sondern nur eine Syndrombehandlung nach einer syndromatischen Gleichung, und es ist kein kontinuierliches Bild, sondern ein sehr wechselndes Bild, das noch Monate nach der Abstinenz andauert, wobei verschiedene Störungen auftreten und verschiedene, periodisch aber begrenzte Psychopharmakotherapien erfordern.

Keup, Berlin: Frage auch an Herrn Kryspin-Exner, die Frage der Kombination von Drogenpatienten mit Alkoholpatienten ist ja problematisch. In Deutschland gibt es einige Institutionen, die das praktizieren, Sie sagten erfolgreich, Sie haben Recherchen gemacht, darf ich Sie bitten, darauf einzugehen?

Kryspin-Exner, Wien: Ich glaube, daß sowohl die scharfe Trennung – den Komplex der Suchtkranken scharf zu trennen in verschiedene Suchtformen – in therapeutisch-organisatorischer Hinsicht ebenso falsch ist, wie es total zu vermengen. Wir haben gar nicht die Mittel, um verschiedenste Institutionen für verschiedene Formen der Sucht einzurichten, Alkoholiker, Medikamente, Drogen usw., wir haben ja nur ganz beschränkte Mittel. Andererseits ist es absolut – das möchte ich auch sagen, Herr Keup – ungünstig, eine prinzipielle Mischung etwa zwei so differenter Probleme hier durchzuführen, d.h. jugendliche Drogenabhängige zusammen mit Alkoholikern, ganz anderen Sozialschichten und ganz anderen Altersgruppen durchzuführen. Es hat sich nach eigener Erfahrung gezeigt, daß es in Einzelfällen besser ist, Drogenabhängige mit Alkoholkranken zu behandeln, aber nur in einzelnen Ausnahmefällen, während die Masse der Jugendlichen ja sich eher fürchtet, die Alkoholkranken ablehnt und daher in gesonderten Institutionen sicher effizienter behandelt werden kann. Je mehr der Heilungsprozeß bei den Drogenabhängigen fortschreitet, das sieht man, wenn man zwei Abteilungen, die sich in der Nähe befinden, überblickt, desto mehr nähern sich die Gruppen aneinander an, das ist ganz interessant. Aber die primäre gemeinsame Behandlung würde ich als nicht effizient ansehen.

Frau Bihlmeyer, Zwiefalten: Ich wollte fragen, ob irgend jemand Erfahrungen hat mit Paraldehyd in der Behandlung akuter Delirien.

Kryspin-Exner, Wien: Ich glaube, Sie sind an der richtigen Stelle, diese Frage an mich zu richten; wir haben so wie alle anderen Kliniken in der Wiener Klinik auch eine Fülle von verschiedenen Therapieformen verwendet, und jede Therapie hat bei entsprechender therapeutischer Zuwendung günstige Ergebnisse in der ersten Zeit gezeigt, aber wir sind dann immer wieder zum guten alten Paraldehyd zurückgekehrt, das auch routinemäßig heute noch bei uns verwendet wird. Es ist die große Frage, was man anstrebt, denn wenn man eine gewisse Reduktion der vegetativen Symptome und geringe motorische Beruhigung - wie wir das heute auch schon vom Haloperidol gehört haben - anstrebt, sind viele andere Medikamente wirksam. Wenn man eine etwas verkürzte Delirdauer im Schlaf, im vorweggenommenen Schlaf anstrebt, so ist wohl noch immer Paraldehyd das optimale Präparat, besser als das Clomethiazol, das ja bei uns zumindest wegen der starken Bronchialsekretion, die es bewirkt, doch immer wieder zu Zwischenfällen führt.

Keup, Berlin: Darf ich dem Distraneurin die Stange halten. Ich habe in den Vereinigten Staaten ja nicht mit Distraneurin therapieren können, weil es dort nicht zum Arzneimittelschatz gehört und von der FDA nicht lizenziert ist. Das Paraldehyd ist zweifellos ein Mittel, das sich bewährt, das gut ist; wir behandeln jetzt in Berlin fast ausschließlich mit Distraneurin und mit Haloperidol, wo das indiziert ist, und die Letalitätsrate des Delirs ist unter Distraneurin ganz zweifellos niedriger als mit Paraldehyd. Und ich glaube, daß man auswählen muß, ich glaube nicht, daß das Alternativmittel sind, sondern man muß sehr genau hinschauen, wenn man was gibt.

Frau Schmidt, Landau: Darf ich bitte als Fachfremde zwei Bemerkungen machen zur Behandlung des akuten Alkoholdelirs. Ich bin Fachärztin für Anästhesie und Wiederbelebung und bin immer wieder konfrontiert mit Delirien auf meiner Intensivstation. Zunächst vielleicht zum Distraneurin: ich möchte da gerne sagen, daß es sich eigentlich, wenn man Zwischenfälle hat und meistens handelt es sich ja um Zwischenfälle der Atmung, um Atemdepression, da handelt es sich meines Erachtens meist nicht um eine echte Atemdepression, sondern um eine Verlegung der oberen Atemwege. Es kommt sehr schnell zu einem Zurückfallen der Zunge, zu einer Verlegung im Bereich des Rachens, und die Leute würden an sich sehr gut weiteratmen, wenn die Atemwege freigehalten würden. Man kann sich ganz einfach helfen, indem man einen nasotrachealen Tubus legt, der stört die Patienten absolut nicht; eine Intubation stört nur, wenn der Tubus an den Gaumenbögen entlanggeführt wird, also durch den Mund geführt wird und es zum dauernden Brechreiz kommt und zum Würgreiz. Nasotracheal gelegt ist der Tubus gut zu ertragen, auch von Leuten, die wach sind und umherlaufen. Das ist also gar kein großer Eingriff.

Garcia, Mainz: Ich habe eine Frage an Herrn Prof. Kryspin-Exner. Ich habe autogenes Training und Hypnose bei Alkoholikern gelegentlich angewandt mit gutem Erfolg. Und ich hätte gerne gewußt, ob Sie darüber quantitative Angaben machen können.

Kryspin-Exner, Wien: Wenn Sie quantitative Angaben sagen, so meinen Sie über die Erfolgsrate von autogenem Training und Hypnose. Nun glaube ich, daß eine einzige psychotherapeutische Methode allein nicht für einen Erfolg beim Alkoholkranken verantwortlich gemacht werden kann. Das autogene Training und die Hypnose werden auch bei uns durchgeführt. Es sind sehr wertvolle Hilfsmethoden, die zusammen mit der Zuwendung des Therapeuten, in einzelnen Fällen auch scheinbar allein wirksam sein können, die aber im großen und ganzen eine Psychotherapiehilfe sind, wie es viele Hilfsmethoden in der Behandlung der Alkoholkranken gibt. Man darf sich da nicht zu sehr auf eine Methode festlegen. Alles sie Beruhigende, Stärkende in der Therapie ist natürlich nützlich in der Behandlung der Alkoholkranken. Aber das Problem ist ein komplexeres.

Diener, Wiesloch: Mich wundert, daß man gar nicht die Rolle von Hirndurchblutungsmitteln erwähnt hat. Zum Beispiel bei Delirien oder auch bei anderen hirnorganischen z.B. Korsakow-Syndromen, um die wichtigsten Fälle zu erwähnen. Aber auch bei chronischem Alkoholismus geht es ja immer um eine Hirndurchblutungsstörung, d.h. um organische Hirnleistungsschwäche oder organisches Psychosyndrom, wie man es auch nennt. Und ich habe persönlich die besten Erfahrungen mit Helfergin gemacht, und zwar habe ich gefunden, wenn man Helfergin in Kombination mit Distraneurin anwendet, da kann man die Dosis von Distraneurin erheblich einsparen, und außerdem ist immer die Gefahr, das Risiko viel, viel geringer. Ich mache es meistens so, daß ich Helfergin besonders am Tage gebe, so etwas ist bestimmt besser in Form einer i.v. Injektion etwa 1000-2000 mg pro Tag, und nachts dann Distraneurin anwende. Ich habe auch gefunden, daß auch die chronischen Alkoholiker, wenn sie auf Station kommen, immer ein organisches Psychosyndrom aufweisen. Und daß man die Entziehung global genommen mit Helfergin viel, viel rascher vorantreiben kann.

Marx, Mannheim: Herr Professor Kryspin-Exner: mit welchen Methoden haben Sie die Hirndurchblutung gemessen? Wir haben bei uns ebenfalls mit der Kethy-Smith-Methode Hirndurchblutungen gemessen bei deliranten und postdeliranten Patienten, und da hat sich eindeutig gezeigt, daß die Hirndurchblutung während des Delirs eher erhöht ist, und zwar infolge Lactazidose. Zum zweiten wundere ich mich, daß Helfergin als durchblutungsförderndes Mittel angesehen wird.

Kryspin-Exner, Wien: Das ist die Frage der Methodik, wir haben mit Xenon die Hirndurchblutung gemessen, also mit einer Skan-Methode und nicht mit der Kethy-Smith-Methode, das sind also schon beträchtliche methodische Unterschiede. Außerdem, und das darf ich Ihnen korrekterweise sagen, haben wir die Untersuchung unmittelbar im abklingenden Delir durchgeführt und nicht am Höhepunkt. Es ist durchaus denkbar, daß Ihr Befund am Höhepunkt des Delirs in diese Richtung weist.

Diener, Wiesloch: Zu dem Helfergin: Ich habe eigentlich den Terminus von Hirndurchblutungsveränderungen einfach nur wegen der Einfachheit gewählt. Selbstverständlich, Helfergin hat vor allem zwei Wirkungen, und zwar die Besserung der Bewußtseinslage in erster Linie, das heißt ohne Zweifel ist das Bewußtsein erheblich beeinträchtigt bei Delirien, um das geht es in erster Linie. Die zweite Linie, das wissen wir ja, daß Helfergin noch eine weitere Wirkung hat, und zwar die bessere Utilisation von Sauerstoff im Gehirn, also Besserung der Stoffwechsellage, um das zu korrigieren, aber beides ist sehr wichtig. Ich habe immer einen ganz guten Erfolg gesehen bei Helfergin, vor allem auch bei Alkoholintoxikationen.

Häfner, Mannheim: Eigentlich hatte ich zwei Fragen. Die erste Frage geht auf die Zahlen ein, die Sie, Herr Feuerlein, - auch Herr Kryspin-Exner hat Zahlen genannt - zur Häufigkeit von Alkoholikern in der Bevölkerung genannt haben. Ich möchte allgemein sagen, es ist natürlich gut, daß wir überhaupt Zahlen nennen, denn wir stehen in der Erwartung den Politikern gegenüber, die Größe des Problems in irgendeiner Weise zu benennen. Nur, ich glaube, wir sollten uns selbst klar sein, daß diese

Zahlen relativ unexakt sind, denn was ist ein Alkoholiker? Die zu definieren ist ein beachtliches Problem. Wenn Sie an Jellinek oder an Ihre eigenen, auf Jellinek aufbauenden systematischen Bemühungen zur Definition des Alkoholikers denken - Herr Feuerlein - wird Ihnen dies klar - und die zweite Frage: Wie ermittelt man einen Alkoholiker? - In den kanadischen oder finnischen Untersuchungen ist diese Problematik deutlich geworden - ist nicht einfach zu beantworten. Wir haben nur rohe Zahlen - die besten Indizes sind immer noch die Todesfälle an Leberzirrhose - aber leider keine exakten Daten zu unserem Problem.
Die zweite Frage beschäftigt sich eigentlich auch mit der Beziehung zwischen Forschung und Praxis. Ich habe mich sehr gefreut, daß Sie den Versuch unternommen haben, einmal in die evaluative Forschung von Nachsorgemethoden einzutreten. Nun das Ergebnis - Sie haben es sehr kritisch ausgewertet - war eigentlich, daß die Alkoholiker, die Nachsorge erfahren haben, keine besseren Heilungschancen oder Remissionschancen hatten. Die Zahlen lagen nahe beieinander, jedenfalls nicht signifikant unterschieden. Sie haben danach einen Katalog von Forderungen genannt, die wir zur Verbesserung der Nachsorge von Alkoholikern aufstellen sollten. Das Problem ist natürlich, eine Nachsorgemethode kann wirksam sein, sie kann nicht wirksam sein, sie kann unter Umständen auch Anteile negativer Wirksamkeit enthalten. Was ich anregen wollte, ist eigentlich, uns klar zu werden hinsichtlich der Forderungen zur Verbesserung der Nachsorgemethoden, welche Methoden bei dieser Population eigentlich wirken. Die Annahme, daß die gleichen - roh gesagt - Nachsorgeformen Erfolg versprechen, die etwa den Schizophrenen oder dem Gros unserer nachsorgebedürftig psychischen Kranken helfen, ist nicht zuverlässig. Es könnte sich herausstellen, daß beispielsweise die anonymen Alkoholiker - ich nenne jetzt ein Beispiel - mit ihren Techniken bessere Erfolge haben. Es wird uns nichts anderes überbleiben, als den Weg, den Sie, Herr Feuerlein, erfreulicherweise begonnen haben, weiterzugehen und vergleichende evaluative Studien durchzuführen, um klar zu bekommen, welche Nachsorgemethoden bei welcher Population wirksam sind.

Feuerlein, München: Es ist eine Menge von Fragen, für die ich Herrn Häfner besonders danken möchte, weil sie sehr in die zentralen Probleme der Alkoholismusforschung hineingehen. Zunächst einmal zu den Fragen der Zahlen. Diese Zahlen, die ich genannt habe, betreffen eine Repräsentativerhebung, die in Bremen 1973 durchgeführt wurde, und zwar noch unter der Ägide von Wieser, der ja nun über diesen Untersuchungen verstorben ist. Ich habe die Möglichkeit gehabt, diese ersten Zahlen nun zu bekommen und sie zum Teil auszuwerten. Die Repräsentativerhebung bezieht sich auf eine Fragebogenuntersuchung. Sie hatte 23 Fragen, die unter anderem auch auf Kontrollverlust und auf die Fähigkeit zu abstinieren zielen, also auf entscheidende Kriterien der Alkoholabhängigkeit im Sinne des Delta oder des Gamma-Alkoholismus nach Jellinek. Wenn man nun eine Globalmaßzahl aus den einzelnen Meßzahlen der Befragungen bildet, so kommt man, umgerechnet auf die Gesamtbevölkerung, auf eine Gesamtmeßzahl von 1,1%, das sind 1,3% der Männer und 0,9% der Frauen. Wenn man nun einzelne Fragen hoher Aussagekraft herausgreift, so ergibt sich folgendes: Die Frage nach dem Kontrollverlust wird von 2,8% insgesamt positiv beantwortet, 3,2% der Männer und 2,4% der Frauen. Praktisch gleich hoch sind die Antworten für Fragen nach dem morgendlichen Alkoholkonsum, eine Sache, die von Herrn Neundörfer im vorigen Jahr schon sehr dankenswerterweise angesprochen wurde. Wenn man die Frage nach den Schwierigkeiten am Arbeitsplatz wegen Alkoholmißbrauch zugrunde legt, so kommt man auf eine Zahl von 2%, bei Männern 3,2%, bei Frauen 1,3%. Ich bin mir darüber klar, daß diese Fragebogenuntersuchung natürlich auch nur einen Teilaspekt der Diagnosestellung des Alkoholismus darstellt. Die Diagnose des Alkoholismus wird aber nun aus vielen Aspekten zusammengesetzt, aus den Aspekten des Trinkverhaltens, aus den Aspekten der somatischen und psychischen und der sozialen Schäden, und diese Dinge kann man natürlich nur z.T. mit Fragebogenuntersuchungen erfassen. Es bestehen ja nun internationale Bemühungen, die Diagnose des Alkoholismus zu objektivieren; ich darf nur auf die „Criteria" verweisen, die 1972 von einem amerikanischen Expertenteam aufgestellt worden sind, sie sind aber ziemlich schwerfällig in ihrer Gesamtheit, aber stellen immerhin doch einen - meines Erachtens - bedeutenden Schritt nach vorne auf diesem Gebiet dar. Vielleicht gelingt es uns eines Tages, da etwas Praktikableres in den Händen zu haben. Nun zur Nachsorge. Freilich ist es sehr schwierig, Nachsorge mit Nachsorge zu vergleichen, das sollte eben auch dargestellt werden, daß das nicht möglich ist, sondern daß man genau herausgreifen muß, was man unter Nachsorge versteht; wenn jemand eben einmal im Vierteljahr oder im halben Jahr auf eine Behörde wie das Gesundheitsamt vorgeladen wird, so ist das nach außen hin auch eine Nachsorge, aber eben sicher wesentlich weniger effektiv, als wenn der Betreffende jede Woche aktiv an einer Gruppenaktivität z.B. der „AA" oder des „Blauen Kreuzes" oder sonst einer Selbsthilfeorganisation teilnimmt oder womöglich schon selbst in die aktive Arbeit mit anderen Alkoholikern mit einbezogen ist. Übrigens ein wesentlicher Punkt für die effektive Nachsorge bei Alkoholikern ist es, sie dazu zu bringen, selbst an anderen Alkoholikern tätig zu werden. Was die Effektivität der „AA" anlangt, so stehen mir leider keine Zahlen zur Verfügung, und ich kenne eigentlich fast keine Untersuchungen im internationalen Schrifttum, die die genauen Zahlen über Effektivität der „AA" geben; das liegt wahrscheinlich in der Methode der „AA".

Kryspin-Exner, Wien: Ich möchte nur eine Bemerkung zu den Zahlen machen. Wir haben in einem Bezirk, in Oberösterreich mit 95000 Einwohnern Gesamteinwohnerschaft, etwas über 1000 chronische Alkoholiker registriert, die sicher als chronische Alkoholiker diagnostiziert sind. Das ist etwas über 1% der Gesamtbevölkerung. Wenn man die Beginnstadien - die ja nicht erfaßt sind - und die Dunkelziffer, die noch immer vorhanden ist, mit einbezieht, so kommen wir natürlich dann allerdings auf einen höheren Prozentsatz. Und im Burgenland hat Delmel eine Untersuchung gemacht, da sind in den Beratungsstellen 1,4% der männlichen Bevölkerung über dem 20. Lebensjahr registriert, als chronische Alkoholiker bekannt mit einer durchschnittlichen Trinkdauer von etwa 15 Jahren. Das sind also Zahlen, die absolut halten und aus denen man schließen kann, daß die Schätzungen - das andere sind alles Schätzungen - doch einiges an Richtigkeit in sich tragen.

Gerber, Merzig: Haben Sie auch feststellen können, daß der Alkoholmißbrauch immer auf jüngere Jahrgänge übergreift auf Kosten des Rückganges des Drogenmißbrauches?

Kryspin-Exner, Wien: Das läßt sich in Schlagworten sehr rasch beantworten, wissenschaftlich nicht beantworten. Ich habe ein tiefes Mißtrauen, diese Trends zu bestimmen, ohne daß wir sie messen können. Aus den Aufnahmezahlen allein in den Kliniken - und da spricht der Trend dafür, daß er immer auf jüngere Jahrgänge übergreift, das ist richtig, weil immer jüngere Alkoholiker eingeliefert werden - auf das tatsächliche Vorkommen zu schließen ist - glaube ich - nicht immer ohne weiteres zulässig. Eines können wir beobachten, daß die Drogenabhängigen in zunehmendem Maße Alkohol konsumieren, die also vor einigen Jahren uns noch ausgelacht haben, daß sie niemals die Laster des Establishment annehmen werden, jetzt schon kräftig alkoholisiert von den Ausgängen aus der Drogenstation zurückkommen und insgesamt immer mehr und mehr in das Alkoholkonsummuster der Alkoholkranken überwechseln. Das ist also in breitem Maße zu beobachten.

Feuerlein, München: Darf ich dazu auch noch etwas sagen? Zu der Frage der jugendlichen Alkoholiker; wir haben bei unserer Erhebung in dem Münchener Material die jugendlichen Alkoholiker ausgezählt. In den Jahren 1969 bis 1971 fanden sich unter unserem Material 5% Jugendliche, d.h. Alkoholiker unter 25 Jahren, das ist also ein verhältnismäßig geringer Anteil.

Haase, Landeck: Ich frage mich, ob die Aversionstherapie vielleicht noch etwas mehr vertieft werden könnte. Sie ist vielleicht etwas zu kurz gekommen, wenn wir bedenken, daß z.B. die Russen - wie Herr Kollege Janz, der vor drei, vier Wochen in Moskau war, berichtete - die Aversionstherapie und das Schaffen bedingter Reflexe bei der Therapie der Alkoholiker ganz in den Vordergrund stellen. - Ich werde ja selbst zwar mich in meinem Vortrag für die tiefenpsychologischen Ansätze einsetzen, aber es ist ja doch die Frage, ob nicht außerdem bei einer Reihe von Patienten dieser therapeutische Ansatz vielleicht noch mehr betont werden könnte. Also, Herr Janz berichtete z.B. von Gruppenhypnosen, denen war Suggestivekel vor Alkohol in der Hypnose beigebracht worden. Er sah eine solche Gruppe im hypnotischen Dämmerzustand, und plötzlich brüllte einer „Wodka", und die Patienten fingen an zu würgen, und es wurde ihnen übel; sicher, das ist alles sehr primitiv, aber immerhin, ein solcher bedingter Reflex soll angeblich bis zu einem Jahr in 60% der Fälle wirken, er wird dann eben einfach erneut aufgebaut. Bei uns sind ja die Ekelkuren z.T. auch deshalb gestorben, weil man immer wieder frustriert war - abgesehen davon, daß sich die Therapeuten mindestens so geekelt haben wie die Patienten -, daß es immer nur eine Zeitlang hält. Und die Frage ist, ob man damit nicht vielleicht ein bißchen zu weit geht; einfach eine Frage, ob wir da gegen bedingte Reflexe aus ideologischen Gründen auf Pawlow eingenommen sind oder ob das wirklich nun echt pragmatisch gedacht ist. Das gilt auch für die Antabus-Therapie, die das dann evtl. fortsetzt. Wir fürchten in Deutschland die Antabus-Komplikation, und zu unserem großen Erstaunen werden in den nordischen Ländern, in Dänemark - wie ich im vorigen Jahr in Kopenhagen gesehen habe -, zahlreiche Patienten mit Antabus behandelt, und zwar ambulant. Der Kollege Strömgren, der die dortige Universitätsklinik leitet, sagte mir, sie fürchteten eigentlich mehr geschädigte Leber plus Alkohol als geschädigte Leber plus Antabus, und sie behandelten einen sehr wesentlichen Teil mit Antabus. Also bitte, das sind zwei Fragen in dieser Richtung, die ich noch einmal anschneiden wollte.

Kryspin-Exner, Wien: Die Aversionstherapie ist so wie praktisch jede Therapieform eine Maßnahme, die bei gewissen Kollektiven hier vom Effekt begleitet sein kann. Wir haben die in den Oststaaten durchgeführten ausgedehnten Apomorphinkuren auch gemacht und eigentlich keine besonderen Ergebnisse gesehen. Ich habe einen Kollegen, der auch im östlichen Bereich die Hypnose-Aversions-Behandlung gelernt hat, eingesetzt; auch hier haben wir keine wesentliche Verbesserung des therapeutischen Effektes gesehen. Es ist doch wohl so, daß man erstens das Problem des Alkoholismus ja nicht als einheitliches erachten kann, es sind ja Menschen ganz verschiedener Persönlichkeitsstrukturen, ganz verschiedener Milieubedingungen, die also ganz verschiedene Methoden erfordern, so daß man nicht von dieser oder jener Methode sprechen kann. Jede engagiert eingesetzte Methode wirkt natürlich etwas. Ich würde glauben, daß man viel differenzierter Indikationen stellen muß, und daß sicher auch die Aversionstherapie einen Platz in der Therapie des Alkoholismus hat, und daß auch systematisch untersucht werden soll, in welcher Form sie durchgeführt werden soll. Der gemeinsame Kübel, in den hineingebrochen wird in Prag, ist also eher eine Aversionstherapie für die Psychiater, die sich dann von der Therapie des Alkoholismus abwenden. Nun zur Antabus-Einstellung darf ich noch bemerken, daß wir in einer jüngsten Untersuchung gesehen haben, daß es nach einer Alkoholbelastung mit Antabus zu tagelangen merkbaren EEG-Veränderungen kommt. Das ist ein ganz interessanter Befund. Also die Alkoholbelastung unter Antabus sollte man, glaube ich, als geschichtlich abgetan ansehen. Die Antabus-Einstellung ist aber noch immer – glaube ich – eine sehr wirksame Methode, vor allem eine psychotherapeutische Methode, die tägliche Einnahme, das Ritual usw. Wir haben die Antabus-Einnahme freigegeben, und ca. 70% der Patienten verlangen die Einstellung auf Antabus, so daß ich glaube, daß Antabus und ähnliche, schwächer wirksame Medikamente noch lange einen Platz in der Therapie haben werden.

Feuerlein, München: Ich möchte auf diese Fragen auch noch einiges sagen. Erstens zu der Aversionstherapie: Aversionstherapie wird jetzt nicht mehr mit den alten Methoden der Hypnose, sondern vielfach mit dem elektrischen Schlag, dem Elektroschock, wie man es auch bezeichnet, durchgeführt, vor allen Dingen in Amerika, aber auch z.T. in Deutschland. Die Ergebnisse der amerikanischen Untersuchungen sind teilweise sehr schlecht; zwar sind die Anfangserfolge ausgezeichnet: 50% und mehr Abstinenz, nach einem Jahr aber 0% Abstinenz. Es wird eben dieser aversive Reiz dann doch wieder verhältnismäßig rasch gelöscht. Die neuesten Ergebnisse, die von der psychologischen Abteilung unseres Instituts durchgeführt wurden bei unausgelesenen Alkoholikern in einem Landeskrankenhaus, haben ein besseres Ergebnis; sie liegen etwa zwischen 30 und 40% nach einem Jahr Katamnesen. Zum zweiten zur Antabus-Therapie: Die Antabus-Therapie ist in Deutschland keineswegs so in Mißkredit, wie es manchmal geglaubt wird. Unsere Rundfrage bei Münchener Ärzten hat ergeben, daß 40% der niedergelassenen Ärzte Antabus bei der Behandlung von Alkoholikern einsetzen. Und zwar gleichermaßen Nervenärzte, Internisten und Allgemeinpraktiker, so daß man also doch damit rechnen kann, daß Antabus einen festen Platz in der Behandlung von Alkoholikern in der freien Praxis hat.

Die Bildsprache als Einstieg zur psychotherapeutischen Behandlung von Alkoholkranken

Von H.-J. Haase

Für mehr als 600000 Alkoholkranke in der BRD stehen weniger als 5000 Plätze in Spezialeinheiten zur stationären Behandlung zur Verfügung, die weitgehend in psychiatrischen Großkrankenhäusern aufgebaut wurden, so z. B. in unserer Klinik durch SCHWARZ, CLASS und Mitarbeiter in den vergangenen Jahren für rund 170 Alkoholkranke (mit 2 Aufnahme- und Behandlungsabteilungen, 2 Behandlungsabteilungen und einer Abteilung, die vorwiegend der Betreuung prognostisch ungünstiger Kontrollverlusttrinker dient).
Geht man davon aus, daß z. B. in unserer Klinik 1973 bei 3200 Gesamtaufnahmen rund 650 Alkoholkranke (weit überwiegend Männer) bei einem Einzugsgebiet von etwas über 1 Million Einwohner aufgenommen wurden, so könnte man schätzen, daß maximal pro Jahr 35000 Alkoholkranke in der BRD zur stationären Behandlung aufgenommen werden, d. h. schätzungsweise höchstens 5% der behandlungsbedürftigen Alkoholkranken. Nicht wenige zwangsweise, weil sie sich oder andere gefährden, eine große Zahl kommt bekanntlich freiwillig und die meisten freiwillig-unfreiwillig, d. h. sie entschließen sich zur stationären Behandlung, weil sie sich in einer körperlich oder existentiell bedingten Sackgasse befinden. Körperliche Unverträglichkeit mit Zittern, Übelkeit und einem drohenden Verlust der beruflichen oder familiären Existenz veranlassen die stationäre, sogenannte freiwillige Aufnahme. Ziel der stationären Behandlung kann nicht nur sein, den Patienten zu entgiften und eine Entwöhnung einzuleiten, nicht nur grobe Mißstände im Beruf oder Familienleben zu besprechen und durch fürsorgerische Maßnahmen zu verbessern, Ziel der stationären Behandlung kann nicht nur sein, die ambulante Nachbetreuung vorzubereiten, indem sich der Patient Gruppen ehemaliger Alkoholiker anschließt. Ziel kann nicht nur sein, daß die Patienten im Gruppengespräch Erfahrungen über das Alkoholproblem austauschen oder Informationen darüber erhalten, was man grundsätzlich über die Krankheit Alkoholismus weiß und zumindest jeder Betroffene wissen sollte. Ziel der stationären Aufnahme sollte vor allem auch sein, bei möglichst vielen Patienten eine Selbstfindung anzubahnen, die ihnen deutlich macht, weshalb sie alkoholkrank wurden, weshalb sie der Realität des Lebens entfliehen wollten oder sich dieser Realität nicht stellen konnten. Zu der Vielzahl der bereits durch SCHWARZ, CLASS und Mitarbeiter hier in der Klinik bei den Alkoholkranken angewandten therapeutischen Aktivitäten habe ich kurz nach der Übernahme der Leitung dieser Klinik seit rund einem Jahr für eine aus jeweils 8-12 männlichen und weiblichen Patienten bestehende Gruppe eine zusätzliche tiefenpsychologisch orientierte Hilfe ermöglicht. Diese Patienten hatten zunächst die Auflage, in jeder Woche an einem Nachmittag unter Anleitung des Kunstmalers K.-H. Keller das zu malen, was sie bewegt. Herr Keller gab ihnen technische Hilfen, um die Patienten zum Malen zu ermutigen, beeinflußte aber nicht die Themenwahl bzw. die Inhalte des Gemalten. An einem anderen Nachmittag, ebenfalls in jeder Woche, setzte sich diese Gruppe unter meiner Leitung zunächst 1 1/2 Stunden zusammen. Ein Patient stellt sein Bild bzw. seine Bilder vor und brachte sodann seine Einfälle zu dem Bild bzw. zu den Bildern, ähnlich wie der Träumer seine Einfälle zum Traum in der Einzelanalyse bringt. Außerdem berichtete der Patient über seinen bisherigen Lebensweg und die Alkoholkrankheit.

Bildsprache wie verbal formulierte Einfälle und Lebensgeschichte dienten der Gruppe sodann als Material, um die Hintergründe der psychischen Fehlentwicklung, die zum Alkoholismus führten, bewußt zu machen. Unmittelbar anschließend wurde in einem von mir mit dem Patienten durchgeführten Einzelgespräch dasjenige besprochen, das im Gruppengespräch oft nicht zu erreichen ist.
Das Leben und die Alkoholkrankheit des Patienten bzw. der Patientin wurden also gleichsam in einer 2 1/2 bis 3 Stunden dauernden Langstreckensitzung mit Gruppen- wie Einzelgespräch mit dem Einstieg über seine Bildsprache mit dem Ziel aufgerollt, seine Fehlhaltungen seinem Bewußtsein näherzubringen und damit der Selbstfindung zu dienen. Bei der Neigung der Alkoholkranken, der Realität auszuweichen, nimmt es nicht wunder, daß doch nur eine relativ kleine Anzahl der Alkoholkranken, und zwar weniger als 10% der aufgenommenen Alkoholkranken, sich dieser intensiven Forderung stellten, so daß in jeder Woche 1 - 2 neue Patienten in die Gruppe eingereiht wurden, während eine gleich große Anzahl entlassen wurde.
Bevor ich auf einige Ergebnisse komme, sei noch erwähnt, daß wir bereits die so gewonnenen Bilder unserer Alkoholkranken der Öffentlichkeitsarbeit mit einer Ausstellung nützlich machten, die auch vom regionalen und überregionalen Fernsehen in verschiedenen Sendungen aufgegriffen wurde.
Noch einige Worte zur Frage, warum wir den Einstieg in das Gruppen- und anschließende Einzelgespräch über die Bildersprache von Patienten gemalten Bildern wählten. Wie Sie wissen, hat das gesprochene Wort seine Grenzen. Der Patient bringt oft nur mit wenigen Worten zur Sprache, was ihn bewegt, weshalb er leidet. Demgegenüber hat die Bildersprache des gemalten Bildes wie auch natürlich die Bildsprache des Traumes sehr viel weitere Ausdrucksmöglichkeiten. In der Bildsprache des Traumes wie beim gemalten Bild werden ganz andere Schichten der Persönlichkeit angesprochen. Die bewußte Zensur läßt nach. Das Gemüt kommt eher zum Ausdruck. Gefühlshafte Einstellungen werden dementsprechend eher zur Darstellung gebracht. Gegenüber der Ärmlichkeit von Worten, wobei viele Menschen nur einen Wortschatz von mehreren hundert Worten besitzen, kommt die Fülle des Bildes. Damit kommen wir dem Kranken und demjenigen, der sich im Bild ausdrückt, sehr rasch sehr viel näher. Sigmund FREUD hat bereits erkannt, daß die Bildsprache des Traumes der königliche Weg ist, um sich dem Unbewußten zu nähern.
Nachdem ich selbst eine Reihe von Jahren tiefenpsychologische Einzelbehandlungen mit besonderer Berücksichtigung der Träume von Patienten durchgeführt habe, wollte ich jetzt in der Gruppe statt vom Traum vom gemalten Bild ausgehen. Ich freue mich, daß ich den Kunstmaler K.-H. Keller für dieses Vorhaben gewinnen konnte, dessen technische Hilfen die Patienten sehr ermutigten, sich im gemalten Bild auszudrücken. Wenn sich damit zur Vorbereitung des Gruppengesprächs die technische Unterstützung in der Malstunde als nützlich erwies, so kann aber notfalls auf diese technische Unterstützung verzichtet werden, wie sich im gleichen Zeitraum in einer Parallelgruppe vorwiegend depressiver Patienten, deren Bilder ebenfalls dem Gruppengespräch dienten und die beim Malen sich selbst überlassen waren, gezeigt hat.
Wichtig in der Gruppensitzung ist natürlich, daß die Patienten zu dem Bild dann zunächst ihre Einfälle bringen, so wie der Träumer zu seinem Traum Einfälle bringen soll, um den manifesten Trauminhalt zu entschleiern und die latenten Traumgedanken freizulegen. Erst nach der Wiedergabe seiner Einfälle und erst nachdem er über sein Leben und seine Alkoholkrankheit berichtet hat, kommt die Gruppe zu Wort. Wir wählten also das themenzentrierte Gruppengespräch. Thema ist der Einzelpatient, der sich mittels eines Bildes und verbal vorstellt. Unmittelbar nach

der Beendigung des Gruppengesprächs kam, wie erwähnt, das Einzelgespräch, bei dem die Patienten nicht selten zusätzlich wichtige Erlebnisse zur Sprache brachten, die sie in der Gruppe nicht erzählen wollten.
Kommen wir zu Beispielen und Ergebnissen und stellen zwei Fragen in den Vordergrund:

1. Welche Themen häuften sich in der Bildsprache der Alkoholkranken?
2. Welche Persönlichkeitsfehlentwicklungen häuften sich bei dieser Gruppe der meist in besonderer Weise behandlungswilligen Alkoholkranken?

Zur ersten Frage der Themenwahl einige Beispiele:

So werden auf einer Reihe von Bildern die *Ängste* ausgedrückt, die den Alkoholkranken während der stationären Behandlung noch bewegen.
Ein 24jähriger lediger Stahlbauschlosser, aus ungeordneten Familienverhältnissen und Vaterkonflikten hervorgehend, führte in Fortsetzung der Kindheit ein ungeordnetes Leben, wechselte häufig die Arbeitsstellen, fuhr vorübergehend auf See und trinkt seit 3 Jahren. Er malt eine Tür (Abb. 1), von der mehrere Wege ausgehen. Am Ende eines Weges steht die mit einem Totenkopf gekennzeichnete Alkoholflasche. Der Patient sagt zu dem Bild u. a.: „Auf meinem Bild sollen die schwarzen Wege den Wiedereintritt des Betreffenden in die Gesellschaft und die rot-braunen Wege den Rückfall zum Alkoholmißbrauch darstellen."

Abb. 1

Eine 42jährige Patientin, die nach dem Tod ihres Mannes die Kontrolle über den Alkohol verlor, nachdem sie ihren Mann 2 1/2 Jahre gepflegt hatte und gleichzeitig in der Schuhfabrik arbeitete, um für ihre 3 Kinder finanziell zu sorgen, malt ansprechende Farbfelder (s. Tafel I, Abb. 1), über die schwarze Spinnen kriechen, und sagt dazu: „An sich bin ich lebensfroh. Plötzlich wird einem alles zuviel und zu schwer, und man kommt nicht mehr weiter. Die eigenen schwarzen Gedanken verfolgen einen. Die Spinnen, die die dunklen Gedanken sind, laufen über das Bild und aus dem Bild heraus."
Ein 49 Jahre alter verheirateter Bahnbeamter, der in geordneten Verhältnissen lebte, bis er unmittelbar nach dem Bau eines Hauses in der Vakuumsituation der Entlastung ein Alkoholkranker wird, malt ein Haus (Abb. 2). Davor steht ein Auto. Der Patient bringt als Einfall u. a.: „Jedesmal, wenn ich einen über den Durst getrunken

hatte, spürte ich einen unwiderstehlichen Drang, mit einem Auto loszufahren. Fahre nie mit Alkohol im Blut, du gefährdest nicht nur dich und die Wageninsassen, sondern auch andere Verkehrsteilnehmer."

Abb. 2

Ein 40 Jahre alter verheirateter Kraftfahrzeugschlosser hat 4 Kinder und ist seit 5 Jahren im Zusammenhang mit beruflichen und ehelichen Konflikten alkoholkrank. Er malt eine ansprechende Phantasielandschaft mit Wiesen, runden Bergen und zakkigen Felsen (s. Tafel I, Abb. 2). Im Vordergrund steht wie eine mahnende, dürre Hand ein kahler Baum. Der Patient sagt zu dem Bild: „Diese Gegend ist unreal. Das ungleichmäßige Verlaufen seines Lebens, meines Lebens. Glatte Abläufe ohne Behinderung, auch wie bei Rauschzuständen. Die Kerbe vom runden Berg zum steilen Berg könnte der Tiefpunkt im Rausch sein oder im Leben genauso. Die lichte Farbe des Berges ist die Hoffnung auf einen besseren Lebensabschnitt, die Stetigkeit ist aber nicht gewährleistet. Die braune Struktur drückt das Verworrene aus. Der grüne Berg gibt trotzdem Hoffnung auf eine positive Wendung, daher auch die neue Farbe im Ablauf. Der Baum im Vordergrund ist wie eine Warnung, er ist ja bereits abgestorben, obwohl Leben ringsum, zeigt er, daß es ein Ableben gibt."
Ein 33jähriger lediger Malergeselle wird im Zusammenhang mit sexual-neurotischer Problematik alkoholkrank nach überstrenger moralisierender Erziehung als Einzelkind. Er malt ein Bild mit Ungeheuern und einem Abgrund, in den ein Mensch stürzt (Abb. 3). Rechts oben sieht man einen Frauenkopf. Der Patient bringt als Einfall u.a.: Er erinnere sich zu diesem Bild an Alpträume aus seiner nassen Zeit. Als Wunschtraum, eine Partnerin zu finden, habe er den Frauenkopf rechts oben hingezeichnet. Er leide unter dem Alleinsein und sei gehemmt, sich Frauen gegenüber zu nähern. Er fürchte immer, einen Korb zu kriegen. Zu dem Ungeheuer falle ihm ein, daß er gefürchtet habe, wenn er jemand geärgert habe, daß dieser ihm etwas tun könne. Die Spinne unten erinnere ihn daran, daß er damals keinen Ausweg mehr gefunden habe. Wenn er allein war, habe er wiederholt den Gedanken gehabt, sich vom Fels herunterzustürzen.
Die Angst kann viele Inhalte haben. Ein Sonderthema in diesem Zusammenhang ist die *Isolierung*.

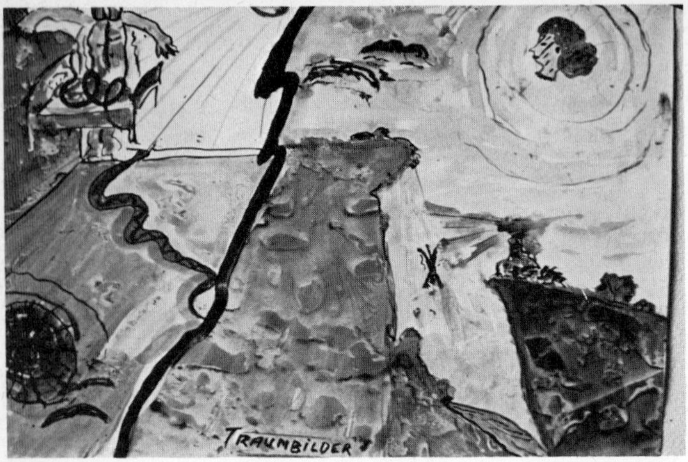

Abb. 3

Eine 18jährige Gymnasiastin, die seit dem 14. Lebensjahr Alkoholikerin ist, leidet unter Kontaktschwierigkeiten, besonders gegenüber dem anderen Geschlecht. Die Patientin, die selbst wie in einer Glaskugel lebt, malt einen durchsichtigen Baum (Abb. 4) und sagt zu dem Bild: „Der Baum sieht aus wie eine Glaskugel, die von außen her von Ruß durchzogen wird. Die hellgrünen Flecken könnten lebendige Wesen sein, die im Innern der Kugel schwimmen. Durch die Verbindung mit der Erde ist die Existenz des Lebendigen bewahrt."

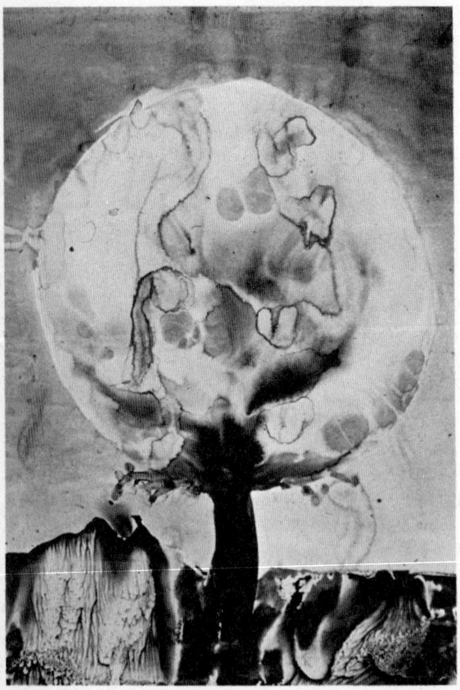

Abb. 4

Erschreckend und nackte Angst ausdrückend, das Bild einer 28jährigen geschiedenen kaufmännischen Angestellten, die seit 6 Jahren trinkt und bereits im vergangenen Jahr unmittelbar nach einer stationären Behandlung wieder rückfällig wurde. Die Patientin sagt zu dem Bild mit dem ängstlichen Gesicht, nach dem drei wie Flammen aussehende Hände greifen (Abb. 5): „Der Mensch ist völlig allein und ist von den Flammenhänden bedroht. Nicht nur das, sie berühren ihn auch. Die Berührung ist nicht schmerzhaft, aber unangenehm. Der Mensch gerät in Panik und kann sie nicht abwehren. Das Graue ist die Isolation. Sie wird nicht durchbrochen. Es ist von keiner Seite Hilfe möglich, es ist nichts da. Der Gesichtsausdruck ist angstvoll. Durch die Isolation ist der Mensch hilflos und sieht kein Entrinnen."

Abb. 5

Wie im Traum oft Wünsche oder Ängste im Vordergrund stehen, so auch in den Bildern.
Nach dem Thema der Angst nunmehr einige Beispiele zum Thema Wünsche.
So finden sich als Wunschthemen Bilder, die mit Meer, Sonne und Palmen oder mit Alpenlandschaften auf geplante oder zumindest gewünschte Urlaube hinweisen.
Oder es malt z. B. ein 29jähriger Patient Musikinstrumente und nennt das Bild „Hoffnungsmelodie" (s. Tafel I, Abb. 3). Er sagt u. a.: „Das ganze Bild soll ausdrücken, daß ich die Hoffnung habe, in der Zukunft mein Leben harmonischer zu gestalten."
Viel wäre zu sagen über die *Persönlichkeitsentwicklungen,* die sich bei unseren Alkoholkranken fanden und die wohl auch repräsentativ für viele andere Alkoholkranke sind, die für eine Selbstfindung zu gewinnen sind. Hierzu einige Beispiele:

Selbstwertprobleme nach lieblos erlebter Kindheit bestimmten den Lebensweg eines 31jährigen verheirateten Feldwebels, dessen Eltern kurz nach der Geburt verstarben, der bei seiner Stiefmutter aufwuchs und sich, nicht zu Unrecht, gegenüber ihrem Sohn ständig zurückgesetzt fühlte. Er entwickelte eine überkompensierende Ehrgeizlinie, erkrankte an einem Magengeschwür und wurde Alkoholiker, als er einen Kursus, der eine Beförderung ermöglichen sollte, wegen Magenbeschwerden nicht durchstehen konnte. Er sagt zu dem Bild (Abb. 6) u. a.: „Das Haus ist prägnant für mich. Ich habe mich nämlich abgekapselt, zurückgezogen. Rechts sehen Sie einen Berg, der soll meine Probleme darstellen. Der blaue Kreis mit dem grünen Rand soll ausdrükken, daß ich mich abkapsele. Die grüne Wiesenform soll die Hoffnung andeuten, daß ich vom Alkohol freikommen werde."

Abb. 6

Auch ein 42 Jahre alter verheirateter Polizeibeamter litt an Selbstwertproblemen durch mangelnde liebevolle Bestätigung in der Kindheit, nachdem er durch frühen Tod der Eltern ins Waisenhaus kam. Er gehört zu den wenigen, die in die höhere Laufbahn einrücken konnten, baute einen Bungalow, verlebte in seiner Ehe die glücklichste Zeit seines Lebens. Er verlor die Kontrolle, als seine Ehe gefährdet wurde. Er malt lebhafte Farben (s. Tafel II, Abb. 1) und sagt: „Diese Farben sollten das Unruhige in meinem Leben ausdrücken."

Selbstwertprobleme, die zur Resignation oder zur Überkompensation im Sinne ADLERs führten, waren wiederholt von Bedeutung.

Waren es bei dem soeben beschriebenen Beamten Selbstwertprobleme, die im Sinne ADLERs mehr zur Überkompensation führten, so neigte die folgende 51 Jahre alte ledige Laborantin eher zur Resignation und damit zur neurotischen Depression. Sie litt in der Kindheit unter einem sehr heftigen und ängstigenden Vater und der unglücklichen Ehe der Eltern, sie litt ferner unter einer Schielstellung der Augen. Sie wagte nie Forderungen zu stellen, gab ihren Freund nach einem 7 Jahre dauernden Verhältnis freiwillig auf, nachdem dessen frühere Freundin nach 7jäh-

Abb. 7

H.-J. Haase, Die Bildsprache als Einstieg zur psychotherapeutischen Behandlung von Alkoholkranken (s. S. 32).

Abb. 1

Abb. 2

Abb. 3

Farbtafel II

H.-J. Haase, Die Bildsprache als Einstieg zur psychotherapeutischen Behandlung von Alkoholkranken (s. S. 32).

Abb. 1

Abb. 2

Abb. 3

riger kriegsbedingter Gefangenschaft überraschend zurückkehrte. Sie leidet unter dem Alleinsein. Zur Überwindung immer stärker auftretender depressiver Verstimmungen dekompensiert sie zum Alkohol. Zu ihrem Bild (Abb. 7) sagt die Patientin: „Die Wolken sind immer noch da, dunkle Wolken. Die Berge bedeuten Höhen und Tiefen der Vergangenheit. Ein Berg mit einem Grat drückt aus, daß ich eine regelrechte Gratwanderung gemacht habe und jeden Augenblick abstürzen konnte. Durch einen dunklen Wald kommt man zu der Mauer, die noch überwunden werden muß, die aber (rechts im Bild) schon einen Durchbruch hat, und noch letzte Trümmer bestehen, die noch weggeräumt werden müssen, um dann auf eine freundliche, lichte Wiese zu gelangen."

Eine 46 Jahre alte ledige Buchhalterin blieb gleichsam im Sinne Sigmund FREUDs in einer prae-ödipalen Situation, indem sie an ihre ehrgeizige Mutter fixiert blieb, nie intime Beziehungen mit einem Mann hatte und die Ehrgeiz- und Leistungslinie der Mutter fortsetzte. Obwohl sie als geschätzte Buchhalterin DM 2600,– monatlich verdiente, besuchte sie nach dem 40. Lebensjahr einen Kursus für Verwaltungsleiter. Als sie trotz des absolvierten Kurses nicht befördert wurde, dekompensierte sie vor 2 Jahren und wurde Alkoholikerin. Sie sagt zu einem Tulpenbild (Abb. 8): „Das Bild wirkt so verkrampft, wie ich mich selber fühle."

Abb. 8

Als besonders belastende und auslösende Situation waren wiederholt die beim Bau eines Hauses für die eigene Familie sich ergebenden seelischen und körperlichen Zusatzbelastungen neben der üblichen Alltagsbelastung von Bedeutung. Gefördert durch die Trinksitten beim Hausbau, gefördert durch finanzielle und viele andere Sorgen. Nicht selten kommt es aber auch erst in der Vakuumsituation nach der Er-

richtung des Eigenheimes, wenn Zeit und Geld wieder im Übermaß zur Verfügung stehen und weitere Lebensziele bei entsprechender Leistungslinie fehlen, zum Alkoholismus. Aber lenken wir mit einem 36 Jahre alten geschiedenen Chemielaboranten wieder das Augenmerk auf die Persönlichkeitsentwicklungen.
So wies RIETH kürzlich mit Recht auf die Häufung von Persönlichkeiten mit sogenannten depressiven Charaktereigenschaften im Sinne von SCHULTZ-HENCKE beim Alkoholismus hin.
Gemeint sind Personen, die übermäßig bereit sind, sich für andere Personen und Aufgaben einzusetzen, die nicht fordern können, im Sinne von SCHULTZ-HENCKE oral-kaptativ bzw. oral-aggressiv gehemmt sind, nicht gut nein sagen können, wenn man von ihnen etwas verlangt. Sie haben, wie Verfasser es nannte, einen Mangel an „Ich-Fülle". Sie bedürfen der Zusatzaufgabe, um „Ich" zu sein. Dementsprechend werden sie besonders durch Verlustsituationen, wie Verlust von Partnern und Aufgaben belastet. Sie neigen zur Dekompensation mit Depressionen und Alkoholismus.

Abb. 9

Ein 36 Jahre alter Chemielaborant verlor im gleichen Jahr seine Frau, die einen Spanier kennengelernt hatte, im Zusammenhang mit der Scheidung das Haus, das er erworben hatte, und altersbedingt seinen Fußballvertrag. Er begann als Alleinstehender zu trinken, besonders als er kurz danach auch noch seinen Vater verlor. Der Patient sagt zu dem Bild (Abb. 9): Er habe schon als Kind von 10 Jahren den Wunsch gehabt, ein eigenes Haus zu besitzen und ein harmonisches Ehe- und Familienleben zu führen.
In tragisch-typischer Weise besteht bei einem anderen 49 Jahre alten Chemiearbeiter eine derart depressive Persönlichkeitsstruktur nach einer Kindheit mit unzureichender Geborgenheit und Selbstbestätigung. Der Patient sagt zu dem Bild mit Farbphantasien (s. Tafel II, Abb. 2): „Das Bild drückt so die verschiedenen Stimmungen in mir aus. Manches stell ich mir schlimm vor, anderes freundlicher."
Wegen Untreue der Ehefrau wurden die 4 Kinder ihm zugesprochen. Während der unglücklichen Ehe begann der Alkoholmißbrauch. Neben seiner Tätigkeit als Chemiearbeiter versorgte er nicht nur die 4 Kinder allein, sondern wollte ein „Bombenvater" sein. Er verwöhnte die Kinder und blieb 7 Jahre trocken, bis die Kinder in den Entwicklungsjahren ihm über den Kopf wuchsen und es zu Entgleisungen der Kinder kam. Er wurde daraufhin erneut Alkoholiker und es kam zu 3 Suizidversuchen, wobei beim letzten Versuch ernste Lebensgefahr bestanden hatte.

Tafel II, Abb. 3: Wiese mit zwei Bäumen und kleinem Häuschen: Ein vergleichbarer Patient mit depressiver Persönlichkeitsstruktur ist dieser 39 Jahre alte geschiedene Hauptwachtmeister der Polizei, der das mühselig erworbene Haus und zwei Söhne der geschiedenen Frau übergab, nachdem sie sich von ihm gegen seinen Wunsch scheiden lassen wollte. Er habe zu allem ja gesagt. Erst nach der Scheidung habe er erfahren, daß die Frau schon vor der Scheidung ein Verhältnis mit einem anderen Mann hatte. Nach der Scheidung habe er dann getrunken. Im Beruf konnte er es schon nicht verkraften, wenn er schwere Verkehrsunfälle, besonders von Kindern, zu registrieren hatte. Immer schon gutmütig und fürsorglich für die Familie eingestellt, besuchte er regelmäßig die Kinder und sagte u. a.: Wenn er sich von den Kindern nach dem Besuch verabschiede, sei es, als wenn ein Stück von ihm weggehe. Der Patient leidet unter dem Alleinsein, suchte bisher vergeblich eine andere Partnerin. Er flüchtete sich in Phantasien in die Kindheit und sagt zu dem Bild: „Auf dieser Wiese und den Bäumen haben wir in der Kindheit Kampfspiele durchgeführt."
Man kann nicht sagen, daß es sich in jedem Falle, bei dem ein Patient nach dem Verlust eines Partners mit abnormen Depressionen oder Alkoholismus reagierte, nur um die Folgen einer Versagung von Wünschen nach Liebe und Fürsorge handele. So waren es z. B. verdrängte Schuldgefühle und Selbstbestrafungstendenzen, die eine 27-jährige beruflich tüchtige Sekretärin zur Alkoholikerin werden ließen.
Vor 1 1/2 Jahren verstarb ihr Mann nach 4jähriger Ehe an den Folgen eines exzessiven Alkoholismus. Er hatte der Patientin mit krankhafter Eifersucht und täglichen Wutausbrüchen zugesetzt, bis sie ein Jahr vor seinem Tod unter Schuldgefühlen ein intimes Verhältnis mit einem Mitarbeiter begann. Vier Monate vor seinem Tod drängte sie ohne Erfolg ihren Mann zur Einnahme von Antabustabletten, nachdem er eine Einweisung in eine Klinik verweigerte. Als kurze Zeit später sich eine Gelbsucht einstellte und er wenige Monate später an einer Leberzirrhose verstarb, machte sie sich Vorwürfe wegen seines nicht verhinderten oder gar verschuldeten Todes. Während sie einerseits durch seinen Tod entlastet war und wiederholt mit Schrecken träumte, daß er wieder lebe, wurde sie andererseits mit ihren Schuldgefühlen nicht fertig und begann unmittelbar vor seinem Tod und in den folgenden 1 1/2 Jahren im Sinne einer Identifizierung mit seinem Unglück und einer Selbstbestrafung mit dem Alkoholismus.
Gegenüber einer Persönlichkeitsbildung mit zu hohem Ich-Ideal nach zu strenger Erziehung oder im Zusammenhang mit der Überkompensation von Minderwertigkeitsgefühlen kommen nur einzelne Patienten in unsere Gruppe, die in der Kindheit durch Überbehütung und Überbeschützung zu wenig gefordert wurden bzw. verwöhnt wurden. Man könnte hier eine gewisse Parallele andeuten zu der Tatsache, daß es nicht nur einen Notstandsalkoholismus gibt, bei dem Überforderungen wesentlich sind und wie er in Deutschland vor dem ersten Weltkrieg bekannt war, sondern daß wir auch einen Wohlstandsalkoholismus kennen, der jetzt so bedeutend ist.
Abb. 10: Jagdhäuschen mit Wiese und Tannen: Der Vater war im Krieg, als dieser 34 Jahre alte ledige Gärtner als einziges Kind von den Großeltern in den ersten 6 Lebensjahren und dann nach der Rückkehr des Vaters verwöhnt wurde. In der Gastwirtschaft des Großvaters konnte er z. B. sich jederzeit Bonbons oder Limonade nehmen, soviel er wollte. Als Brillenträger sollte er allem Sport, aber auch allen Auseinandersetzungen mit anderen Jungen aus dem Wege gehen. Nach der Gärtnerlehre und dem Militärdienst begann er, als Aushilfsfahrer auf verschiedenen Baustellen zu helfen. Es begann gleichzeitig der Alkoholismus. Er wechselte ständig die Arbeitsstellen und wurde fünfmal wegen Alkohol am Steuer bestraft. Bereits während der statio-

nären Behandlung im vergangenen Jahr und kurz nach der Entlassung wurde er rückfällig. Er nahm nur an einem Nachmittag an unseren Gruppensitzungen teil und flüchtete sich in Trinkwünsche, indem er zu dem Bild sagt: „Es gab ein Jagdhäuschen, in dem wir früher getrunken und gefeiert haben. Hinterher ging man dann im Wald spazieren. Das Trinken in der Einsamkeit fiel nicht so auf."

Abb. 10

Ein vergleichbarer Fall ist der 41 Jahre alte geschiedene Sohn eines Dentisten. Er wurde in der Kindheit von den Eltern überbehütet und beschützt, nachdem die beiden älteren Brüder ertrunken waren. Aus einem Privatgymnasium nahm der Vater ihn auf seine Bitte wieder heraus. Seine Ehe wurde nach 4 Jahren wegen Alkoholismus geschieden. Er wechselte als Industriearbeiter etwa 20mal die Arbeitsstelle, wurde bestraft wegen Alkohol am Steuer. Schon als Kind nicht auf Leistung und Leitlinien erzogen, abgeschirmt in der Vorbereitung auf den Lebenskampf, lebt er seinen Wünschen entsprechend, wie sich im Bild (flüchtig hingemalte Wiese mit einigen Sträuchern (Abb. 11) und den dazugehörenden Einfällen zeigte, indem er sagt: „Die

Abb. 11

Weite der Landschaft und der Berg in der Nähe und das Häuschen vermitteln mir die Ruhe, zu gleicher Zeit die Möglichkeit, die Natur zu betrachten und zu genießen. Möglichst in Zweisamkeit mit einer Freundin oder Bekannten. Bei dem Häuschen denke ich daran, daß man darin ein Wochenende gemeinsam verleben könnte, evtl. vielleicht mit Angeln, Spaziergängen, Beobachtungen der Natur."

Mit den zuletzt genannten Fällen, die mit niedrig ausgebildetem Ich-Ideal der Sofortbefriedigung leben, dem Lustprinzip mehr verfallen als auf das Realitätsprinzip ausgerichtet sind, kommen wir an die Persönlichkeitsfehlentwicklungen, bei denen alle psychotherapeutischen und psychiatrischen Behandlungen ihre Grenzen haben. Hier leidet oft die Umgebung des Gestörten mehr als der Betroffene. Der Leidensdruck, Voraussetzung jeder erfolgreichen Psychotherapie, tritt hier nur als Folge der Komplikationen ein, die sich durch den Alkoholismus ergeben. Der Laie sieht im allgemeinen nur den Typ des Alkoholikers, der im Zusammenhang mit dem Unterdruck der Wohlstandsgesellschaft verwöhnt und überbehütet von der jetzigen Gesellschaftsstruktur mit einem Überangebot an Zeit und Geld, ähnlich wie die zuletzt beschriebenen Patienten in der Kindheit, zu wenig gefordert wird.

Der Laie weiß meist nicht, daß ein wesentlicher Teil der Alkoholiker primär ungelöste Probleme und Konflikte hat und erst über die Flucht aus der unbewältigten Wirklichkeit alkoholkrank wird. Der Laie weiß darüber hinaus im allgemeinen nicht, daß es ganz unabhängig von den Entstehungsbedingungen, also auch als Folge einer exzessiven Gewohnheit, eine Alkoholkrankheit gibt, die im Sinne einer seelischen und körperlichen Abhängigkeit vom Alkohol eine echte Suchtkrankheit ist, wie es z. B. der Nikotinmißbrauch nie werden kann. Ein Suchtkranker aber wird nie allein mit eigenen Kräften gesund. Er wird auch nie gesund allein mit ärztlicher und psychotherapeutischer Hilfe. Ein Suchtkranker kann nur dauerhaft gerettet werden mit der Hilfe der Gesunden, d. h. mit dem Einsatz der Laien, die als unmittelbarer Lebenspartner, als nahestehende feste Gruppe, im weiteren Sinne als Gesellschaft Verständnis und Hilfe anbieten.

Wir hoffen, mit diesem Einblick in die Sorgen, Nöte und Wünsche und in die Persönlichkeitsentwicklungen behandlungswilliger Alkoholiker nicht nur erneut deutlich gemacht zu haben, daß es sich hier oft um Kranke handelt, die einer erfolgreichen psychiatrischen und psychotherapeutischen Behandlung zugängig sind, sondern auch, daß wir alles tun müssen, um diese Unglücklichen aus ihrem Leid herauszubringen.

Diskussion

Haase, Landeck: Ein Jahr ist natürlich noch zu wenig, aber wir sind überhaupt dabei, Verläufe immer mehr zu registrieren und nicht nur zu registrieren, ob jemand wiederkommt, sondern wie lange er nach der Entlassung trocken war, wenn er wiederkommt; also den Verlauf zu differenzieren. Hier zu diesem Bildmaterial kann ich nur sagen, einer von den beiden letzten Patienten, die in der Kindheit, schlicht gesagt, verwöhnt wurden, ist inzwischen wieder aufgenommen worden, sogar mit Ikterus. Er ist gleich nach der Entlassung rückfällig geworden, nachdem er auch nur einmal an der Gruppenstunde teilgenommen hatte. Ich würde sagen, aus dieser Gruppe der aus der Kindheit her mit zu wenig Leitlinien Versehenen, denen ein Überangebot in vieler Beziehung zukam, die zu wenig auf den Lebenskampf vorbereitet wurden, die kommen meistens auch gar nicht in solche Gruppen, sie stellen sich einer solchen Forderung schon nicht. Wenn sie ausnahmsweise mal da hinkommen, dann scheint es mir auch sehr wahrscheinlich, daß sie trotzdem sehr viel schlechtere Verläufe haben, aber das ist wohl bisher vielleicht das einzige, was dazu zu sagen wäre.

Janzarik, Heidelberg: Um noch die Frage fortzusetzen: Sie hatten ja diese beiden Grundthemen am Anfang, Angst und Hoffnung, wie steht es damit? Ist etwa gerade, was wir über die Hoffnung sahen, ist das illusionistisch zu sehen oder ist da schon echte Hoffnung?

Haase, Landeck: Das kann man illusionistisch sehen und als echte Hoffnung; ich würde sagen, es kann beides sein. Z.B. die eine Patientin, die mit ihren Schuldgefühlen noch nicht fertig wurde, weil ihr 26jähriger Mann sich allmählich totgetrunken hatte, und die meinte, sie wäre an seinem Schicksal irgendwie ursächlich beteiligt, diese Patientin malte also ein wunderbares Wunschbild mit Almenhütten und Urlaub, den sie sich erträumte, und wich eigentlich auch da schon wieder der Realität aus. Wie weit es also nun ein Ausweichen wiederum aus der Realität ist oder echte Hoffnung, das wird wieder vom Einzelfall zu beurteilen sein.

Kryspin-Exner, Wien: Ich möchte folgendes bemerken: Ich würde mit der Deutung der Inhalte, allerdings, die sehr interessant sind, ein bißchen vorsichtig sein. Diese Bilder sind doch gemacht worden in einer Periode der ersten Abstinenz - soviel ich vernommen habe - und es sind ja drei Faktoren, die die Inhalte verändern: Erstens das organische Psychosyndrom, das ja wohl die Erlebnisfähigkeit ziemlich weitgehend verändert. Zweitens die psychoreaktive Wesensveränderung, der die Patienten doch unterworfen sind seit Jahren durch negative Umwelteinwirkung, und drittens - und das wollte ich besonders betonen - die dynamischen Veränderungen, um mit Herrn Janzarik zu sprechen, die man sehr deutlich bei Alkoholkranken feststellen kann im Bereich des Antriebs, der Motivation, auch natürlich dann der Stimmung und des Vegetativums. In den in der Abstinenz periodenweise immer wieder zeichnenden - viele Monate, manchmal über die Jahresfrist hinaus andauernden - dynamischen Restriktionsphasen treten diese spezifischen Inhalte sehr deutlich in Erscheinung, während in Phasen der Besserung dann diese Inhalte wieder kausal in den Hintergrund treten, so daß es also - auch das darf ich sagen - sehr interessant wäre, Verlaufsuntersuchungen anzustellen bzw. die Produktionen unter Psychopharmakatherapie etwa in speziell behandelten depressiven Phasen zu sehen. Ich würde also vorschlagen, Längsschnittuntersuchungen durchzuführen, so wie wir die Hirnleistungsuntersuchungen gemacht haben, und evtl. eine Veränderung durch Psychopharmakatherapie zu bestimmen.

Haase, Landeck: Zunächst zu dem ersten Satz. Die Deutung der Bilder, das ist immer wichtig, dürfen natürlich nur die Patienten erst einmal bringen über ihre Einfälle, nicht der Therapeut, sonst spekuliert man da sonst was hinein. Das ist ja der Grund, weshalb manche Psychoanalytiker grundsätzlich nicht zu Unrecht verurteilt werden, wenn sie in Träume oder auch natürlich in Bilder etwas hineindeuten, hineinspekulieren. Die Deutung geht immer vom Einfall des Patienten aus. Der hier beschrittene therapeutische Weg mit Hilfe der Bildsprache, des Gruppengesprächs und des anschließenden Einzelgesprächs ist, so meine ich, ein Schritt zur Selbstfindung. Ein Stück Selbstfindung gerade bei den Problem- und Konflikttrinkern, die sich ja dann auch zu dieser Gruppe drängen. Es soll einfach ein zusätzlicher therapeutischer Schritt sein. Zum Gesichtspunkt der Faktoren, die die Inhalte verändern könnten: Im allgemeinen waren diese Patienten doch schon eine Reihe von Wochen bei uns, ehe sie dann in die Maltherapie eintraten. Solange sie noch echt im psychoorganischen Sinne verändert schienen, sind sie dort nicht eingetreten.

Zur forensischen Bedeutung des Alkoholismus

Von W. Mende

Unter den sozialen Problemen in der Bundesrepublik Deutschland und vielen anderen Ländern nimmt der Alkoholismus eine absolute Vorrangstellung ein, die sich natürlich auch in forensischer Hinsicht niederschlägt. In zahlreichen Rechtsgebieten spielt die Frage des Alkoholeinflusses eine Rolle. Der psychiatrische Sachverständige wird sehr häufig hinzugezogen, um die Auswirkungen dieses Alkoholeinflusses auf die Abwicklung eines Rechtsgeschäftes, auf strafbares Handeln usw. zu beurteilen. Das ist deswegen oftmals schwierig, weil die rechtliche Bewertung des Alkoholeinflusses in den verschiedenen Rechtsgebieten unterschiedlich ist. Kriminalpolitische Gründe und rechtstheoretische Erwägungen, die zu so komplizierten Hilfskonstruktionen wie dem § 330a StGB geführt haben, konkurrieren zuweilen mit den medizinischen Befunden. Diese sind immer nur *eine* der Grundlagen für die richterliche Entscheidung. Dies muß betont werden, um Kompetenzüberschreitungen zu vermeiden.

Klar sind eigentlich nur jene Fälle, auf die der juristische Begriff der „actio libera incausa" anwendbar ist: trinkt sich jemand Mut an, um eine im nüchternen Zustand geplante oder vorbereitete Straftat zu begehen, dann gibt es keine Exkulpierungsmöglichkeit, und die Bestrafung erfolgt wegen vorsätzlicher Begehung ohne Rücksicht auf eine alkoholbedingte psychische Beeinträchtigung zum Tatzeitpunkt. Auch wer fahrlässig nicht bedenkt, daß er im Rausch erfahrungsgemäß zu Straftaten neigt oder darauf vertraut, daß er sich schon in der Gewalt behalten werde, wird wegen fahrlässiger Tatbegehung bestraft.

Hier wird der Alkoholrausch - also die akute Alkoholintoxikation - genannt, ein reversibles organisches Psychosyndrom, mit dem sich der Psychiater sehr häufig in foro zu befassen hat. Nicht nur der Alkoholismus - also ein gewohnheitsmäßiger oder auch nur gelegentlicher Alkoholmißbrauch -, sondern auch die einmalige oder nur seltene Alkoholintoxikation kann – selbst bei relativ geringer Alkoholdosierung - Rechtsfolgen nach sich ziehen. Die gängige Meinung in der breiten Bevölkerung, daß ein jeder geltend gemachter Alkoholeinfluß pflichtbefreiend wirke oder eine Strafmilderung bzw. Strafaufhebung zur Folge habe, trifft nicht zu – jedenfalls nicht generell. Die Rechtsfolgen können sogar sehr einschneidend sein, nicht nur im Zivilrecht - speziell im Verkehrsrecht –, sondern auch im Strafrecht.

Ein kurzer Blick auf die geltenden Gesetzesbestimmungen stellt Fehleinschätzungen leicht richtig:

Wer infolge von *Trunksucht* seine Angelegenheiten nicht mehr zu besorgen vermag oder sich oder seine Familie der Gefahr des Notstandes aussetzt oder die Sicherheit anderer gefährdet, kann nach § 6 BGB *entmündigt* werden und ist dann nicht mehr testierfähig.

Ein *chronischer Alkoholiker* kann nach den Unterbringungs- bzw. Verwahrungsgesetzen der Länder *zwangsweise* in ein Psychiatrisches Krankenhaus *eingewiesen* werden, wenn anders nicht die Gefahr der Verwahrlosung oder ernster Gesundheitsschädigung abgewendet werden kann.

Bei *Trunkenheit am Steuer* droht der *Entzug der Fahrerlaubnis,* der nach dem Gutachten des Beirates für Verkehrsmedizin vom Juni 1973 immer dann erfolgen soll,

wenn eine Abhängigkeit vom Alkohol besteht oder wenn durch chronischen Alkoholmißbrauch die körperliche Leistungsfähigkeit unter das erforderliche Maß herabgesetzt und bereits eine Depravierung der Persönlichkeit eingetreten ist.
Dem *alkoholisierten Straftäter* droht nach § 42c StGB die *Unterbringung* in einer *Trinker-Heilanstalt,* wenn ihm der Schutz des § 51 Abs. 2 StGB zugebilligt wurde und die Gewöhnung an einen übermäßigen Alkoholkonsum seine Unterbringung erforderlich macht, um ihn „zu einem gesetzmäßigen und geordneten Leben" hinzuführen.
Die Einweisung nach § 42c StGB kann auch erfolgen, wenn ein die Zurechnungsfähigkeit ausschließender Alkoholrausch vorgelegen hat – also an sich die Voraussetzungen des § 51 Abs. 1 StGB erfüllt sind –, aber dieser Rauschzustand vorsätzlich oder fahrlässig herbeigeführt wurde und eine Verurteilung nach § 330a StGB erfolgt ist.
Wenn aber Zurechnungsfähigkeit (§ 51 Abs. 1 StGB) anzunehmen ist, ohne daß Vorsätzlichkeit oder Fahrlässigkeit nachweisbar sind, dann kann die Einweisung nach den gegenwärtig noch geltenden Bestimmungen des § 42c StGB nicht erfolgen. Der schuldunfähige Alkoholtäter, bei dem an sich eine Alkoholentziehungskur angezeigt wäre, kann bislang allenfalls nach § 42b StGB untergebracht werden, aber eben nur dann, wenn die öffentliche Sicherheit es erfordert. Diese bedauerliche Lücke im § 42c StGB ist durch den § 64 des 2. Strafrechtsreformgesetzes behoben worden: auch der schuldunfähige Alkoholtäter kann in einer Entziehungsanstalt untergebracht werden, „wenn die Gefahr besteht, daß er infolge seines Hanges erhebliche rechtswidrige Taten begehen wird. Die Anordnung unterbleibt, wenn eine Entziehungskur von vornherein aussichtslos erscheint."
Das 2. Strafrechtsreformgesetz sollte am 1. 10. 1973 in Kraft treten. Der Termin wurde auf den 1. 1. 1975 verschoben!
Diese wenigen Hinweise zeigen, daß eine ganze Reihe von Rechtsbestimmungen die nachteiligen Folgen des Alkoholkonsums deutlich kennzeichnen. Dennoch ist ihr Aufforderungscharakter, d. h. ihre abschreckende Wirkung denkbar gering:
In der Bundesrepublik Deutschland erfolgt der *Führerscheinentzug* in nahezu 90% der Fälle wegen Trunkenheit; mehr als die Hälfte davon sind Personen unter 30 Jahren.
In der DDR betrug der Anteil der *Alkoholtäter* im Jahre 1962 22,8%, im Jahre 1966 bereits 31,8%. 50% dieser Alkoholtäter waren 14-25 Jahre alt.
Bei Durchsicht von rund 1400 unausgewählten Strafakten des Landgerichtsbezirks Göttingen aus dem Jahre 1961 fand St. WIESER 12% *Alkoholtäter.*
Im 10-Jahres-Zeitraum von 1956 bis 1965 wurden in Tübingen 480 Straftäter zur Frage der Schuldfähigkeit untersucht. Von diesen waren 91 unter Alkoholeinfluß straffällig geworden, das sind fast 19%.
In meinem Münchener Beobachtungsgut - also seit 1. 3. 1971 - errechnet sich der Anteil der *Alkoholtäter* bis heute auf 32,5%.
So wenig diese Zahlen repräsentativ sein mögen - noch höhere Prozentanteile erscheinen mir heute realistischer –, der Trend einer stetigen Zunahme der Alkoholtäter entsprechend dem steigenden Alkoholkonsum ist unübersehbar. Das hängt meines Erachtens zu einem wesentlichen Teil damit zusammen, daß die meisten Menschen nur sehr wenig über die Wirkungen des Alkohols wissen, obwohl praktisch jeder Erwachsene über den Alkoholrausch Selbsterfahrung besitzt und dieses Wissen von der Rechtsordnung vorausgesetzt und verlangt wird, daß jeder sich in seinen Trinkgewohnheiten und Verhaltensweisen den Rechtsbestimmungen entsprechend einrichtet. Nur 31% der Bevölkerung wußten jedoch bei einer Stichprobenerhebung von St. WIESER im Jahre 1967 etwas über den Alkoholismus als Krankheit und

seine sozialen Schäden, über Abhängigkeit, über Kontrollverlust und über das Nicht-Aufhören-Können. Die Feststellung von W. FEUERLEIN, daß der Durchschnittsbürger die Gefahren des übermäßigen Alkoholkonsums eher verkennt, bestätigt sich auch bei den Explorationen unserer Probanden immer wieder. Die meisten Menschen realisieren gar nicht, daß sie sich in Gefahr begeben. In vielen Fällen mangelt es also schon von vornherein an einer hinreichenden verstandesmäßigen Bremsung, die durch die stimmungsanhebende und enthemmende Alkoholwirkung schließlich vollends ausbleibt. Ein solches Verhalten, also z. B. sich trotz Alkohol immer wieder ans Steuer seines Wagens zu setzen, wird weitgehend durch die Erfahrung bestimmt und am Erfolg gemessen: denn bisher ist es ja meistens gutgegangen; viele andere verhalten sich ebenso; man glaubt sich konform mit der Mehrheit der Alkoholkonsumenten und fühlt sich im übrigen ja völlig leistungsfähig.

Dieses Gefühl von Stärke und Macht unter Alkoholeinfluß spielt auch in den Motivationszusammenhängen von Straftaten bei Männern eine wesentliche Rolle. Macht- und Gewaltgedanken bilden nach David McLELLAND den Kern im Erleben des Alkoholrausches. Emotionale und mehr triebbestimmte Wunschvorstellungen treten stärker hervor. Aus einer Laune des Augenblicks, aus einem Augenblicksimpuls heraus kommen wohl die meisten Straftaten unter Alkoholeinfluß zustande, weil die rational abwägenden und steuernden Ich-Funktionen beeinträchtigt oder gänzlich ausgefallen sind.

Ein 22jähriger Kraftfahrer (Karl-Heinz B., KG-Nr. 239) geht mit einem älteren Arbeitskollegen gegen Mitternacht nach einem Wirtshausbesuch nach Hause. Er hat einen leichten Alkoholrausch (BAK 1,5 Promille). Ihnen kommt ein Mopedfahrer entgegen, dem er zuruft: „Halt, Kriminalpolizei!" und verlangt die Ausweispapiere. Der 47jährige Gastarbeiter schien nicht richtig zu verstehen, schüttelte den Kopf und war völlig verschüchtert. Ohne erkennbaren Grund versetzte B. dem körperlich weit Unterlegenen einen schweren Kinnhaken, so daß dieser bewußtlos zu Boden stürzte. Den am Boden Liegenden schlug er mit der Faust erneut in die Kinngegend und versetzte ihm Fußtritte gegen den Schädel. Als Passanten auftauchten, verließ er den Tatort und wurde kurz danach festgenommen. Das Opfer verstarb infolge intrakranieller Blutungen, ohne das Bewußtsein wiedererlangt zu haben. Bei der Blutentnahme bot der Täter keine auffälligeren Trunkenheitszeichen. Sein Gang war sicher. Die Zielversuche führte er sicher aus. Die Sprache war deutlich, sein Verhalten beherrscht. Er war bei klarem Bewußtsein. Seine Stimmung schien unauffällig. Über den vorausgegangenen Alkoholkonsum machte er detaillierte Angaben und erklärte, im Laufe des Abends wegen Kopfschmerzen insgesamt 6 Spalt-Tabletten eingenommen zu haben.

Die klinischen Untersuchungen deckten keine pathologischen Befunde auf. Eine Begründung für sein aggressives Verhalten konnte er bei unseren Explorationen nicht angeben. Er könne es sich selbst nicht erklären. Der Arbeitskollege berichtete, daß er dem Täter nach dem ersten Niederschlag zugeredet habe, den Mann doch in Ruhe zu lassen. Aber er sei so in Wut gewesen und habe ihn weiter zusammengeschlagen.

Aus der Biographie ergab sich, daß der Täter aus geringsten Anlässen heraus leicht in Wut gerät und zu aggressiven Entladungen neigt. Der Vater war ein Trinker und hat die Mutter und auch ihn viel geschlagen. Nach der Ehescheidung der Eltern blieb er zunächst bei der Mutter wohnen. Als diese schließlich erneut heiratete, zog er in die Wohnung des Vaters, der weiterhin trank. Er konnte dort ein ungebundeneres Leben führen und geriet immer mehr an den Alkohol, wechselte wiederholt die Ar-

beitsstellen, die begonnene Kfz.-Mechanikerlehre schloß er nicht ab; wegen Trunkenheit am Steuer wurde ihm für ein Jahr der Führerschein entzogen. Bei der Bundeswehr gab es bald disziplinäre Schwierigkeiten: er überzog den Urlaub, trat den Wachdienst nicht an; in den Tagen vor der Tat hatte er sich unerlaubt von der Truppe entfernt.
Intellektuell ist er durchschnittlich ausgestattet (IQ 106). Auffällig war eine abgeflachte und eingeengte affektive Schwingungsfähigkeit, die auch daran erkennbar wurde, daß er sowohl die Tathergänge wie auch frühere Erlebnisse auffallend nüchtern und gleichgültig schilderte. Unter Alkoholeinfluß - so berichteten Zeugen - bekommt er eine lose Zunge und will sich großtun. Er verliert dann leicht die Kontrolle und ist ungesteuert, so daß seine aggressiven Triebimpulse immer wieder durchbrechen können.
Bei der Beurteilung von Alkoholtätern spielen kriminalpolitische Erwägungen eine wesentliche Rolle. Das zeigt die rechtliche Bewertung des gewöhnlichen (normalen) Rausches. Medizinisch ist nicht zu bezweifeln, daß jeglicher Alkoholeinfluß schon von einer geringen Dosierung an zu zerebralen Intoxikationserscheinungen führt. Selbst bei einem BAK-Wert von 0,5 Promille sind die Reaktionszeit, Reaktionssicherheit und die Überblicksgewinnung beeinträchtigt, so daß dann bereits eine Verkehrsunsicherheit resultieren kann. Die Festlegung einer oberen Promille-Grenze für das Gefährdungsdelikt „Trunkenheit am Steuer", die nunmehr bei 0,8 Promille liegt, ist daher durchaus berechtigt. Aber diese „normale" Alkoholintoxikation wird nicht als Exkulpierungsgrund anerkannt. Trotz medizinischer Gleichartigkeit mit anderen exogenen Reaktionsformen ist eine rechtliche Gleichsetzung nicht praktikabel. Die Voraussetzungen des § 51 StGB sind erst dann erfüllt, wenn die psychischen Beeinträchtigungen einen erheblichen Grad erreicht haben. Bei gewöhnlichen Rauschzuständen ist das im allgemeinen nicht der Fall. Ist der Rausch aber doch so schwer, daß Zurechnungsunfähigkeit zu bejahen ist, dann kommt der § 330 a StGB zum Zuge.
Die Vorschriften des § 330 a StGB sind unterschiedlich interpretiert worden. Der BGH hat in einem Urteil von 1956 erläutert, daß mit § 330 a StGB kein gesonderter Straftatbestand, sondern ein Ausnahmefall zu § 51 Abs. 1 StGB definiert worden ist, der eine spezielle strafrechtliche Verantwortlichkeit des Alkoholberauschten umreißt. Wenn aber der Rauschzustand weder vorsätzlich noch fahrlässig herbeigeführt wurde, weil dem Täter z. B. noch nicht bekannt war, daß er schon auf geringe Alkoholmengen abnorm reagiert, dann ist für die Anwendung des § 330 a StGB kein Raum, sondern es hätte Exkulpierung zu erfolgen. Gemeint sind die abnormen Alkoholreaktionen, sofern sie Zurechnungsunfähigkeit bedingen. Nach Auffassung des BGH hat aber ein solcher Täter in Zukunft völlig abstinent zu bleiben. Trinkt er dennoch und wird er wieder in einem die Zurechnungsfähigkeit ausschließenden Rauschzustand straffällig, dann ist eine Bestrafung nach § 330 a StGB möglich.
Die Bewußtseinsveränderungen durch Alkohol, wie Selbstüberschätzung, subjektive Leistungsstärke, Sorglosigkeit, Kritikschwäche usw., sind in der hauptsächlichen Gefahrenzone für kriminelle Entgleisungen bei relativ niedriger Blutalkoholkonzentration vorwiegend leichteren Grades. Sie zu erkennen, ist unter Umständen schwierig. So erklären sich auch die vielfach unterschiedlichen Beurteilungen des Trunkenheitsgrades durch die blutentnehmenden Ärzte. Erheblichere psychische Beeinträchtigungen sind beim Erwachsenen im allgemeinen erst bei einer Blutalkoholkonzentration von etwa 2 Promille zu erwarten. Bei einer BAK von 3,0 bis 4,0 Promille ist mit einem komatösen Zustand zu rechnen. Aber hier muß sogleich die Einschränkung

gemacht werden, daß solche Zuordnungen nur als ganz grobe Orientierungshilfe dienen können. Der Trunkenheitsgrad im Einzelfall läßt sich nicht einfach vom Promillewert ablesen. Die Beantwortung der Frage, ob die Voraussetzungen des § 51 StGB bestehen, hängt in erster Linie von den psychopathologischen Befunden ab. Besondere Zurückhaltung ist gegenüber den Rückrechnungen der Blutalkoholkonzentration auf den Tatzeitpunkt hin ratsam. Sie führen oftmals zu ganz unrealistischen Resultaten. Hier sollte der psychiatrische Sachverständige mit Nachdruck darauf verweisen, daß die errechneten Werte des Promillegehaltes, welche den Anschein von „harten Daten" erwecken, nicht eine direkte Beziehung zu den psychischen Beeinträchtigungen durch Alkohol haben. Wesentlich bedeutungsvoller sind Veränderungen der Stimmungslage, des Kritikvermögens, der Urteilsfähigkeit, Verhaltensauffälligkeiten, Koordinationsstörungen usw.

Der gewöhnliche Alkoholrausch mit „normalem" Intoxikationsverlauf kann durch eine *Alkoholintoleranz* wesentliche Abänderungen erfahren und in eine abnorme Alkoholreaktion umschlagen. Die Alkoholintoleranz ist daran erkenntlich, daß bereits nach relativ geringen Alkoholmengen deutliche Trunkenheitszeichen auftreten. Sie kann dispositionell verankert, durch organische Hirnschäden und andere somatische Erkrankungen erworben oder auch durch situative Faktoren bedingt sein, wie körperliche Erschöpfung, längerdauernder Schlafentzug, Verstimmungszustände usw. Im Verlauf eines chronischen Alkoholmißbrauches entwickelt sich ebenfalls zumeist eine Intoleranz.

Diese Alkoholintoleranz ist die Voraussetzung für abnorme Alkoholreaktionen, die von großer forensischer Bedeutung sind. Das gilt vor allem für die *quantitativ abnormen Alkoholreaktionen* (komplizierter Rausch). Das Mißverhältnis zwischen Trinkmenge und Trunkenheitszeichen, verschwommene oder lückenhafte Erinnerungsfähigkeit, weit das sonstgewohnte Ausmaß überschießendes, kurzschlußartiges Reagieren in hoher Erregung sind die wesentlichen Kennzeichen für eine quantitativ abnorme Alkoholreaktion.

Bei dem geschilderten Fall des 22jährigen Mannes, der einen ihm völlig unbekannten Mann auf der Straße brutal zusammenschlug und ihn tötete, kann eine quantitativ abnorme Alkoholreaktion nicht begründet werden. Zwar ist hier ein weit über jedes Maß hinausgehendes Aggressionsverhalten vorhanden, aber alle übrigen Kriterien sind nicht gegeben. Wenn aber eine abnorme Alkoholreaktion diagnostiziert werden kann, dann ist auch eine Exkulpierung nach § 51, und zwar zumeist entsprechend dem 2. Absatz, berechtigt.

In der Literatur früherer Jahre wurde der *qualitativ abnormen Alkoholreaktion* – dem sogenannten pathologischen Rausch – große Aufmerksamkeit geschenkt. Er wird erfahrungsgemäß häufig vor Gericht geltend gemacht. Sein tatsächliches Vorkommen ist aber ausgesprochen selten. Charakteristisch ist das unvermittelte, schlagartige Einsetzen mit hochgradiger Erregung und schwerer Veränderung des Bewußtseins. Auf die Umgebung wirkt der Betreffende nicht wie ein Betrunkener. Es sind bei ihm nicht die üblichen Trunkenheitszeichen (Koordinationsstörungen usw.) festzustellen. Der pathologische Rausch tritt in der Form eines organischen Dämmerzustandes oder eines deliranten Syndroms auf. Das Verhalten der Umgebung wird von dem von Angst Beherrschten mißdeutet. Dadurch werden offenbar die schweren Angriffs-, Abwehr- oder Fluchthandlungen in Gang gesetzt. Hat erst einmal ein pathologischer Rausch eingesetzt, dann läuft er eigengesetzlich ab, so wie wir das von Dämmerzuständen anderer Provenienz kennen. Der anschließende, situationsunabhängige Terminalschlaf kann von großer differentialdiagnostischen Bedeutung sein, ebenso wie eine totale oder weitgehende Amnesie für die Vorgänge in dem Dämmerzustand. Die Pathogenese ist noch ungeklärt. Die forensische Beurteilung ist eindeutig vorgezeichnet. Immer hat der § 51 Abs. 1 StGB Anwendung zu finden, auch dann, wenn die Tat nicht so ganz aus dem bisherigen Persönlichkeitsbild herausfällt und sich vielleicht auch sogar gewisse Motivationszusammenhänge aufdecken lassen. Die Prüfung der Amnesie ist besonders wichtig. Das gilt in gleicher Weise für die quantitativ abnormen Alkoholreaktionen. Ein Kriterium von praktischer Bedeutung ist dabei, daß im Falle eines pathologischen Rausches eine Aufhellung der Amnesie nicht möglich ist.

Als besondere Rauschform sind noch die *dipsomanen Attacken* zu erwähnen, die nach heutiger Auffassung auf dem Boden endogener Verstimmungen aufschießen. Während der Trinkperioden wird hemmungslos getrunken. Die Patienten sind dabei gereizt und getrieben, während sie sonst als unauffällig beschrieben werden. Kommt es zu strafbaren Handlungen (Bedrohung, Beleidigung, Diebstahl, Zechprellerei, Sachbeschädigung usw.), dann ist Zurechnungsunfähigkeit gegeben.

Die Angabe, daß nicht nur Alkohol getrunken, sondern auch irgendwelche *Medikamente* eingenommen wurden, fehlt heutzutage in kaum einem Begutachtungsfalle. Bisher sind erst bei wenigen Substanzen *Kombinations- oder Summationseffekte* sichergestellt worden. Sie treten offenbar nicht bei allen psychotropen Pharmaka auf und sind vor allem auch von der Dosierung abhängig. Vermutlich kann Alkohol zu einer Änderung in der Verteilung des Medikamentes im Organismus und zu einer erhöhten Konzentration im Gehirn führen. Der psychiatrische Sachverständige vermag derartige Fälle bisher nur ganz unbefriedigend zu beurteilen. Die Konsultation eines Neuro-Pharmakologen ist immer ratsam. Die bisherigen Untersuchungen der Eigenwirkungen psychotroper Pharmaka und ihre Wechselbeziehungen mit Alkohol reichen für hinreichend begründete Aussagen im konkreten Fall im allgemeinen noch nicht aus. Bei der Beurteilung der Fahrtauglichkeit ist das noch eher möglich, weil diese bedeutend früher beeinträchtigt wird als die strafrechtliche Verantwortlichkeit. Sie ist störungsanfälliger und kann durch Reaktionsverlangsamung und Einschränkung des Sehvermögens bereits entscheidende Einbußen erfahren. Eine Übertragung dieser Beobachtungen auf die strafrechtliche Verantwortlichkeit ist bedenklich, zumal dann, wenn Prüfergebnisse mit einzelnen Psychopharmaka verallgemeinert werden. Keinesfalls darf die Beurteilung sich auf die bloße Behauptung über Tabletteneinnahme stützen.

Bisher haben wir vorwiegend von der forensischen Bedeutung der aktuellen Trunkenheit gesprochen und das mit gutem Grund, weil diese Fälle am häufigsten und auch am schwierigsten zu beurteilen sind. Die forensische Bedeutung des *chronischen Alkoholikers* ist demgegenüber relativ problemarm. Seine Exkulpierung wird in den meisten Fällen gut zu begründen sein. Der chronische Alkoholmißbrauch führt zur Depravation, die sich in Haltlosigkeit, Unzuverlässigkeit, Neigung zum Lügen, Verwahrlosung, Verlust an Bindungen, Zerfall der Familie, d. h. sich in einem allgemeinen sozialen Abgleiten manifestiert. Diebstahl, Beleidigung, Widerstand, Hausfriedensbruch herrschen in der Kriminalität des chronischen Alkoholikers vor und nicht Gewalt- oder Sexualdelikte. Erst die Vergeblichkeit von Rehabilitationsbemühungen offenbart die ganze Macht- und Hoffnungslosigkeit gegenüber dem depravierten Alkoholiker. Die schlechten Ergebnisse langdauernder Entziehungskuren in geschlossenen Anstalten kennzeichnen die desolate Situation. Demgegenüber stehen die relativ günstigen kurzfristigen stationären Entgiftungsbehandlungen und anschließenden freiwilligen Entziehungen in einem offenen Behandlungssystem. Daraus ist zu folgern, daß eine Entziehungsbehandlung zu einem möglichst frühen Zeitpunkt einsetzen muß, solange noch keine Depravierung erheblicheren Grades eingetreten ist und dann auch die hinter dem Mißbrauch stehende seelische Fehlhaltung korrigiert werden kann. Auf lange Sicht jedenfalls ist die kriminogene Wirkung des Alkohols am ehesten durch aufklärende Maßnahmen in der breiten Bevölkerung über die Gefahren eines übermäßigen Alkoholkonsums einzudämmen. Solange aber dieser Konsum weiterhin von Jahr zu Jahr ansteigt, ist mit einem Erfolg nicht zu rechnen. Von der Gesetzgebung her allein kann die Alkoholkriminalität gewiß nicht wirksam genug bekämpft werden.

II. ZUM TAGESABLAUF DES PSYCHISCH KRANKEN IN DER KLINIK

Erfahrungen mit dem Sozial- und Sportzentrum des Westfälischen Landeskrankenhauses Gütersloh

Von W. Th. Winkler

Die Anregung zum Bau von Sozial- und Sportzentren innerhalb der psychiatrischen Landeskrankenhäuser empfing der Landschaftsverband Westfalen-Lippe im Sommer 1966 auf einer Studienreise nach Skandinavien. Eine Kommission, die aus Abgeordneten des Fachausschusses für Wohlfahrts- und Gesundheitspflege und des Fachausschusses für Hochbauverwaltung, ferner aus einigen Herren der Hauptverwaltung in Münster und mir bestand, besichtigte damals einige psychiatrische Krankenhäuser in Dänemark und Schweden, wo wir verschiedene Einrichtungen für die „recreation therapy" (Erholungstherapie) antrafen. Weitere Anregungen zum Bau von Sozial- und Sportzentren holten wir uns aus Holland, wo die Sozialpsychiatrie bekanntlich weit fortgeschritten ist.
Im Jahre 1968 wurde dann ein auf die Bedürfnisse der Westfälischen Landeskrankenhäuser zugeschnittenes Raumprogramm für ein Sozial- und Sportzentrum entwickelt. Die Einrichtung konzipierten wir nicht nur als Stätte der Begegnung und der Freizeitgestaltung, sondern vor allem auch als ein Instrument zur Durchführung gezielter sozialtherapeutischer Maßnahmen.
Im Frühjahr 1969 begann die konkrete Planung zweier Sozial- und Sportzentren für die Westfälischen Landeskrankenhäuser Gütersloh und Dortmund-Aplerbeck. Für Gütersloh wurde die Architektengemeinschaft MARTIN-LAUSBERG-WOLLENBURG aus Bielefeld mit der Planung und der Bauausführung beauftragt. Unser ständiger Gesprächspartner war Herr MARTIN. Er zeigte größtes Verständnis für unsere Anliegen, und es ergab sich zwischen ihm und uns eine optimale Zusammenarbeit, wobei auch alle Details sorgfältig gemeinsam durchdacht wurden. Mein damaliger Stellvertreter, Herr Dr. STIAWA, der Herrn MARTIN dauernd zur Seite stand, sorgte dafür, daß die Pläne auch mit Gruppen von Patienten erörtert wurden. Bei der Planung des Sozial- und Sportzentrums stellte ich das Motto auf: „Alles so normal wie möglich." Darin sollte die Absicht zum Ausdruck kommen, in den großen Krankenhauskomplex ein Stück normaler Umwelt hereinzuholen.
Nach 2 Jahre langer Bauzeit konnte die neue Einrichtung Ende Oktober 1972 in Betrieb genommen werden.
Zur Beschreibung des Baukörpers unseres Sozial- und Sportzentrums ist kurz folgendes zu erwähnen: Der Komplex liegt mitten im Gelände des Westf. Landeskrankenhauses Gütersloh in unmittelbarer Nachbarschaft des Festsaalgebäudes, der Festwiese, des Wildgeheges und der Kirche, und er fügt sich ausgezeichnet in die Parklandschaft ein. Der eingeschossige Baukörper ist eine Holzkonstruktion mit einzelnen Backsteinwänden und großen Glasflächen. Er wurde sehr durchsichtig gehalten, damit Patienten bei den laufenden Aktivitäten zuschauen können und sich dadurch motivieren

lassen, selbst mitzumachen. Es hat sich gezeigt, daß die Patienten besonders gern dem Schwimmbetrieb zusehen.
Unser Sozial- und Sportzentrum ist absichtlich ziemlich weitläufig und ein wenig labyrinthär angelegt; man kann in ihm spazierengehen und immer wieder um die nächste Ecke gucken oder sich auch in einer der bereitgestellten Sitzgruppen niederlassen.
Im Sozial- und Sportzentrum finden sich eine Cafeteria mit 140 Sitzplätzen, eine Milchbar, ein Selbstbedienungsladen, eine Schachecke, ein Friseurgeschäft für Damen, ein Friseurgeschäft für Herren, eine Bücherei, drei Gruppenräume, die zu einem großen Raum vereinigt werden können, Räume für die Leiterin des Sozialzentrums und für die Geistlichen beider Konfessionen, ein Schwimmbad, eine Sauna und eine Turnhalle. Eine Tür des Schwimmbades führt zu einer großen Liegewiese. Daneben werden in Kürze ein Minigolfplatz und ein Sportplatz mit einem Fußballfeld, einem kleinen Feld für andere Ballspiele und einer Sprunggrube angelegt werden.
Das Zentrum wird von einer Sozialpädagogin geleitet, die früher als Jugendleiterin ausgebildet worden ist, dann aber 12 Jahre lang bei uns in der Beschäftigungstherapie tätig war. Anfangs war die Sozialpädagogin auf sich allein gestellt und hoffnungslos überfordert. Ihr stehen jetzt ein examinierter Pfleger und eine in Ausbildung befindliche Pflegekraft zur Seite. (Eine 2 Monate lange Tätigkeit im Sozial- und Sportzentrum haben wir fest in den Ausbildungsgang der Lernschwestern und Lernpfleger eingebaut.) Die uns kürzlich bewilligte zweite Stelle für einen Sozialpädagogen oder Sozialarbeiter ist noch unbesetzt. – Die Bücherei wird von dem evangelischen Geistlichen unseres Krankenhauses betreut; in ihr arbeiten zwei Patientinnen, die früher schon die sogenannte Patientenbibliothek betreut hatten. – Das Friseurgeschäft für Damen wird vormittags von einer Friseuse aus der Stadt (bei stark reduzierten Preisen) auf eigene Rechnung betrieben; ihr gehen einige Patientinnen zur Hand. Im Friseurgeschäft für Herren ist ganztägig ein Friseurmeister tätig; er hat eine Pflegerstelle inne. Der Haarschnitt ist kostenlos. – Für das Schwimmbad steht uns ein Schwimmeister und für die Sauna halbtägig eine Sauna-Meisterin zur Verfügung. Die zweite Stelle für einen Schwimmeister ist im Augenblick noch unbesetzt. In der Turnhalle arbeiten zwei Gymnastiklehrerinnen je halbtägig, zeitweilig gehen sie auch auf die Stationen, um dort mit Gruppen von Patienten Gymnastik zu betreiben. Eine weitere Stelle für einen Sportlehrer ist noch unbesetzt. – Die Cafeteria und der Selbstbedienungsladen sind an einen Konditor- und Bäckermeister und dessen Frau verpachtet worden; sie haben einige Angestellte für die Bedienung. – Das Sozial- und Sportzentrum wird von mehreren Putzfrauen sauber gehalten, die überwiegend halbtägig (vormittags) arbeiten. (Der Stellenplan sieht für die Reinigung des Sozial- und Sportzentrums und des Festsaalgebäudes mit der Kegelbahn 3 Stellen für Putzkräfte vor.) – Schließlich haben wir seit 1/2 Jahr einen Hausmeister, der allerdings auch noch unsere neue klinische Zentrale zu überwachen hat. Eigentlich bräuchten wir einen Hausmeister, der ausschließlich für das Sozial- und Sportzentrum da ist.
Sehr rasch wurde die Cafeteria, die wir wegen der vielen Alkoholkranken alkoholfrei führen, von unseren Patienten und ihren Angehörigen, dem Personal und den Besuchern von auswärts angenommen. An Sonn- und Feiertagen ist sie so stark frequentiert, daß die vorhandenen 140 Plätze oft nicht ausreichen. Viele Bürger aus der Stadt kommen bei schönem Wetter mit ihren Familien zu uns, um im Park spazierenzugehen und die Cafeteria aufzusuchen. Manche unserer langfristig hospitalisierten Patienten erklärten spontan, daß sie sich in der Cafeteria unter den Besuchern wie normale Bürger fühlen können. Die Leute aus der Stadt aber konnten

manche ihrer Vorurteile gegenüber den psychisch Kranken und gegenüber unserem Landeskrankenhaus abbauen. – Sehr gut ist die neue Einrichtung bei den Jugendlichen aus der Stadt angekommen, die hier neue Möglichkeiten zur Freizeitgestaltung entdeckt haben, beispielsweise die Möglichkeit zum Tischtennis-, Schach- und Joelbackspiel. Ein Nachteil der vielen Besucher von auswärts war anfangs, daß unser Parkgelände von Autos und Mopeds förmlich überschwemmt wurde, so daß wir uns gezwungen sahen, das Krankenhausgelände für Kraftfahrzeuge von auswärts zu sperren.

Unsere Bemühungen um einen Abbau der unsichtbaren Schranken zwischen unserem Krankenhaus und der normalen Welt draußen wurden seit Fertigstellung des Sozial- und Sportzentrums im übrigen auch noch tatkräftiger als zuvor von unserem Bürgerkreis unterstützt, den wir im Januar 1971 gegründet haben. Der Bürgerkreis, den man auch als Laienhelferkreis bezeichnen kann, besteht z. Zt. aus 45 Mitgliedern, hinter denen z. T. ganze Organisationen, Vereine und Clubs stehen. Seitens des Bürgerkreises werden viele Unternehmungen für unsere Patienten im Sozialzentrum, im Festsaalgebäude, auf den Krankenabteilungen und auch außerhalb des Krankenhausgeländes organisiert. Die Mitglieder unseres Bürgerkreises sind uns aber auch bei Veranstaltungen des Krankenhauses behilflich.

Die Gruppenräume in unserem Sozial- und Sportzentrum werden (z. T. unter Einbeziehung der Cafeteria) für Tanznachmittage, Altennachmittage, Spielabende, Malkurse, Kurse für Ikebana und Kosmetik, Diavorträge, Gruppendiskussionen, Sitzungen des Bürgerkreises, aber auch für Fortbildungsveranstaltungen für Ärzte, Schwestern und Pfleger, für die Diskussion mit Besuchergruppen sowie für Sitzungen irgendwelcher Art in Anspruch genommen. Allwöchentlich finden dort auch die Gespräche mit Patienten und Mitarbeitern über die Nutzung des Sozial- und Sportzentrums mit Programmplanung statt.

Bei der Programmgestaltung sind wir sehr darum bemüht, die Wünsche der Patienten zu berücksichtigen. Wir sind der Auffassung, daß Initiativen der Patienten den Vorrang haben sollten gegenüber den Programmangeboten seitens der Institution, da es uns darauf ankommt, die Eigeninitiative der Patienten zu wecken. Dennoch können wir nicht vollständig auf Programmangebote seitens der Institution verzichten. Doch richten wir uns auch dabei nach den Interessen und Wünschen unserer Patienten.

Das Schwimmbad und die Sauna können zu den Öffnungszeiten von den Patienten, vom Personal und von Mitgliedern des Bürgerkreises, jeweils auch deren Familienangehörigen, kostenlos in Anspruch genommen werden. Im Schwimmbad kann Schwimmunterricht genommen werden. – In der Turnhalle, die mit einem Schwingboden ausgestattet ist, arbeiten unsere beiden Gymnastiklehrerinnen nach einem festen Stundenplan mit Gruppen von Patienten; sie wird aber auch von Personalgruppen für Ballspiele (z. B. Volleyball oder Tischtennis) benützt.

Die sportliche Betätigung der Patienten sehe ich nicht so sehr unter dem Aspekt der körperlichen Ertüchtigung als vielmehr unter dem Aspekt eines nonverbalen Kontakt- und Interaktionstrainings. Schon bei einfachen Ballspielen ist ja eine dauernde Kooperation der Teilnehmer miteinander erforderlich. Der Ball wird einem anderen zugeworfen, und dieser nimmt ihn entgegen. Dabei wird die soziale Grundfunktion des Gebens und Nehmens trainiert. Von großer Bedeutung für die Erfahrung der Kooperation sind dabei die von vornherein festgelegten Spielregeln.

Hier möchte ich nochmals darauf hinweisen, daß wir das Sozial- und Sportzentrum vor allem nach therapeutischen Gesichtspunkten geplant und gebaut haben. Schon seit langem vertrete ich den Standpunkt, daß bei allen Formen von psychischen Störungen soziale Faktoren von großer Relevanz für die Ausgestaltung des Krankheitsbildes und den Verlauf der Krankheit, teils auch für die Genese der Erkrankung sind und daß in aller Regel negative Interaktionsprozesse zwischen dem Patienten und seiner Mitwelt (auch innerhalb der psychiatrischen Institutionen) ins Spiel kommen. Dem aber muß durch gezielte sozialtherapeutische Programme mit Entschiedenheit entgegengewirkt werden.

Die Nutzung unseres Sozial- und Sportzentrums im Sinne einer sozialtherapeutischen Einrichtung wurde dadurch erleichtert, daß schon seit dem Jahre 1964 bei uns der Gedanke der Therapeutischen Gemeinschaft an Boden gewonnen hatte und auf Abteilungen, die nach dem Prinzip der Therapeutischen Gemeinschaft geführt wurden, bereits vielfältige Gruppenaktivitäten sozialtherapeutischer Art in Gang gekommen waren. – Die Aktivitäten der einzelnen Krankenabteilungen sind übrigens durch die Inbetriebnahme unseres Sozial- und Sportzentrums überhaupt nicht beeinträchtigt worden, vielmehr hat sich nur deren Rahmen erweitert.

Gelegentlich hören wir von Außenstehenden, ein mitten im Gelände des Landeskrankenhauses gelegenes Sozial- und Sportzentrum verstärke nur den Ghetto-Charakter der psychiatrischen Institution und fixiere möglicherweise die Patienten an die Institution. Unserer Erfahrung nach trifft das nicht zu. Ganz im Gegenteil: Seit Inbetriebnahme des Sozial- und Sportzentrums ist die Öffnung unseres Krankenhauses nach draußen weiter fortgeschritten, und zwar durchaus in zweierlei Richtung: Es kommen viel mehr Besucher von draußen zu uns, und die Patienten fühlen sich mehr als seither dazu motiviert, wieder in das normale Leben zurückzukehren. Meines Erachtens hilft das Sozial- und Sportzentrum, Anstaltsartefakte zu vermeiden bzw. abzubauen. Nach wie vor werden von unseren Patienten auch Veranstaltungen in der Stadt besucht und Einkäufe in der Stadt getätigt. Mitglieder unseres Bürgerkreises begleiten dabei z. T. die Patienten und helfen gelegentlich auch bei Einkäufen.

Ursprünglich hatte ich erwartet, daß das sehr attraktive Sozial- und Sportzentrum ohne weiteres von allen Mitarbeitern und Mitarbeiterinnen angenommen und sich reibungslos in den Gesamtbetrieb unserer Institution einfügen werde. Das war nicht der Fall. Vielmehr zeigte sich, daß zuerst einmal zahlreiche Probleme gelöst werden mußten. Beispielsweise ergaben sich Kollisionen mit der Arbeitstherapie, die am Westfälischen Landeskrankenhaus Gütersloh nach wie vor den ganzen Vormittag und einen großen Teil des Nachmittags in Anspruch nimmt. Die Leiterin des Sozial- und Sportzentrums fand nicht immer die nötige Unterstützung des Pflegepersonals; sie stieß mancherorts sogar auf erhebliche Widerstände. Nicht überall wurden die neuen sozialtherapeutischen Möglichkeiten begriffen. Neu eingestelltes Personal mußte sich erst an den Stil unseres Hauses gewöhnen usw. Mir wurde auf diese Weise sehr deutlich vor Augen geführt, daß Innovationen, mögen sie auch noch so attraktiv sein, erst einmal das bestehende Gleichgewicht einer Institution gefährden und daß die Integration einer neuen Einrichtung in den Gesamtbetrieb eines psychiatrischen Großkrankenhauses eine *Integrationsleistung aller Mitarbeiter erfordert.* Diese initialen Schwierigkeiten ließen sich aber überwinden. Heute möchten wir auf keinen Fall mehr unser Sozial- und Sportzentrum missen.

Erfahrungen mit einem Sozialzentrum in Dortmund-Aplerbeck

Von W. Leonhardt

Erfahrungen mit einem Sozialzentrum beginnen nicht erst mit seiner Eröffnung und Inbetriebnahme, sondern mit den ersten planerischen Gedanken, eine solche zentrale Einrichtung in einem Landeskrankenhaus zu installieren. Zur Zeit beginnen sich derartige Gedanken aller Orten zu Raumplänen zu formieren, und es gibt darunter sogar welche, die selbst ein Solarium für unabdingbar halten. Wir haben ein vergleichsweise bescheidenes Raumprogramm verwirklichen können. Das ist ja immer das Los derer, die das mitunter etwas zweifelhafte Glück haben, unter den ersten zu sein, die sich eine neue, noch nicht erprobte Einrichtung zulegen dürfen. Aber auch heute noch wird jeder sehr schnell merken, auf wie wenig gesicherte und festgefügte Erfahrung er zurückgreifen kann, wenn er gezwungen wird, Raumkombinationen und vor allen Dingen Größenordnungen festzulegen. Wie groß müssen Einrichtungen für sportliche Aktivitäten sein, wie groß andere soziale Räume wie Café, Laden, Friseur, Bibliothek usw.? Das können sehr wichtige Fragen werden, zumal es ja immer zumindest den Kostenträgern gegenüber theoretisch sofort zu beweisen gilt, daß man das alles auch wird mit Leben erfüllen und unterhalten können.
Hinsichtlich der Größenordnung der einzelnen Teile, der Art ihres Zusammenfügens und evtl. ineinander Verflechtens zeigt es sich, daß gerade dies alles bestimmt wird von der Wesensart eines Landeskrankenhauses selbst, aber vor allem auch von der Struktur seiner Umwelt. Wir liegen in einer Industriegroßstadt mit Massenbetrieb, vor allem auch im sozialen und Freizeitbereich. Wenn also ein Sozialzentrum Bedingungen der Außenwelt reproduzieren soll, so meinten wir, nicht ein auf kleine Idealgruppen abgestelltes Trainingsfeld schaffen zu dürfen. Zwar wollten auch wir Gruppenräume im Sozialzentrum haben, zumal die Krankengebäude trotz vieler Neubauten noch bei weitem nicht ausreichend damit ausgestattet sind, aber wir meinten, es müßte doch alles so zusammengestellt sein, daß es sich zu immer größeren Raumkombinationen öffnen oder auch eben wieder in kleinere Betriebsgrößen trennen läßt. Dies ist gelungen. Es können Mehrzweckhalle, Restauration und Café, Gymnastiksaal und auch die Gruppenräume so zueinander geöffnet werden, daß 500 bis 600 Personen ohne quälende Enge sich in mannigfaltiger Aktivität begegnen können. Ich halte das für wichtig, wenn Nachbargemeinden, Bürgerkreise und dergleichen mit in den Betrieb gezogen werden sollen. Außerdem begegnet der Kranke in unserer Großstadt soviel dem Massenbetrieb, daß er gerade auch im Sozialzentrum mit Masse konfrontiert werden sollte.
Ich darf kurz mit dem, was rein räumlich bei uns entstanden ist, bekannt machen, muß aber noch vorausschicken, daß wir einen neuen Festsaal brauchten und deshalb wohl schon von Anbeginn darauf aus waren, einen solchen neu zu schaffenden Großraum als Mehrzweckhalle auslegen zu lassen. Unser Sozialzentrum verfügt über eine bebaute Fläche von 5000 qm. Darin sind enthalten: Mehrzweckhalle 18 x 25 m, Gymnastiksaal (musikalisch-rhythmisches Arbeiten) 7,5 x 11 m, 3 Gruppenräume 14,5 x 7,5 m, Restauration und Café 100 Plätze, Bibliothek und Leseraum 7 x 15 m, Laden 5,5 x 7 m, Kegelbahn, Schwimmbad 16,66 x 8 m.
Ich möchte im folgenden, auch wenn es sich an Raumordnungen und Technischem

orientiert, weniger darauf eingehen, was gut und gelungen ist, sondern vielmehr auf Fehler hinweisen, die rasch unterlaufen können, auch wenn vieles überlegt worden ist, nicht nur mit den ärztlichen Mitarbeitern, sondern auch mit Pflegepersonal, Verwaltung, selbstverständlich Hochbauabteilung und nicht zuletzt auch Patientengruppen. Vieles an Einrichtungen, die in einem Sozialzentrum zusammengefaßt werden, ist ja seit Jahren in Landeskrankenhäusern mehr improvisierend installiert, so Friseurstuben, ein Einkaufsladen, ein Sportplatz, eine Kegelbahn, Mitbenutzung von Gemeindeschwimmbädern und dergleichen. Das hat jedem Erfahrung gebracht, aber man sollte sich in den Größenordnungen nicht täuschen. Wir haben uns z.B. von der Größe und der Nutzungsfrequenz eines viele Jahre bestehenden Ladens in Kellerräumen täuschen lassen, fanden das Ladenlokal mit 38,5 qm ausreichend, mußten aber sehr rasch feststellen, daß es um einiges größer hätte sein müssen. Als rechter Gemischtwarenladen bestückt und im Sozialzentrum in einer Art Ladenstraße liegend, wird es ganz anders frequentiert, lockt nicht nur Patienten, sondern auch deren Besucher an. Ähnliches gilt für den Friseur. Wir sind davon ausgegangen, daß wir mehr als ein Friseurehepaar mit einer Hilfskraft gar nicht würden engagieren können. Wir haben also in der wenn auch ausgesprochen modernen Einrichtung zwei Naßarbeitsplätze für Damen und zwei Trockenarbeitsplätze und einen Herrenarbeitsplatz in diesem neuen Salon untergebracht. Ganz abgesehen davon, daß man vielleicht auf die Dauer doch eine größere Mannschaft wird verpflichten können, sollte vor allem daran gedacht werden, daß auch hier ein Arbeitsplatz für Rehabilitanten vorhanden sein dürfte.

Die Frage nach der Größenordnung spielt vor allem im Bereich Café/Restaurant eine Rolle. Hier ist auf folgendes aufmerksam zu machen: Café und Restaurant sind eine Mischung zwischen Stammlokal und Ausflugslokal, d.h. es gibt den normalen Tagesbetrieb und einen Massenbetrieb an Wochenenden, Feiertagen und sonstigen besonderen Gelegenheiten. Das ist sowohl bei der Größe der Einrichtung als auch der personellen Versorgung zu bedenken. Die Größe sollte nicht unter 100 Plätzen liegen, die ja durchaus durch einen Raumteiler in Café und allgemeines Restaurant getrennt werden können. Die Thekeneinrichtung muß auf den großen Besucherverkehr ausgerichtet sein. Es kommt noch etwas hinzu: Es bewährt sich überhaupt nicht, wenn der immense Geschirr-Rücklauf an den Wochenenden, hochfrequenten Besuchertagen und dergl. nicht bewältigt werden kann. Es ist also ein genügend großer Abstellraum mit Spülküche unabdingbar.

Raumbedarf ergibt sich auch daraus, daß ein Sozial- und Sportzentrum, wenn es wirklich nicht nur sporadisch belebt wird, mehr Personal braucht, als man meint. Zumeist wird noch daran gedacht, daß Schwimmeister und Gymnastiklehrer eigene Umkleideräume und einen eigenen Sozialraum brauchen. Das gilt aber ebenso für Raumpflegerinnen und Friseurmannschaft, Ladenpersonal. Ein Hausmeister ist notwendig und braucht einen Geschäftsraum; schließlich auch ein Sozialarbeiter oder eine Person jedenfalls, die die Gesamtorganisation, die Aktivitäten in der Hand hat.

Es sollte auch daran gedacht werden, daß eine so große, vielfach genutzte Einrichtung immer wieder in kürzester Zeiteinheit in Ordnung gehalten, d.h. gereinigt werden muß. Eine architektonisch vielleicht recht reizvolle Flächengestaltung mit wechselnden Fußbodenbelägen, Winkeln und gemütlichen Buchten kann da manches an Schwierigkeiten bringen, vor allen Dingen, wenn es um den Einsatz von Reinigungsmaschinen geht. Einheitlicher Fußbodenbelag, groß zusammenfaßbare Flächen haben sich bewährt und müssen durchaus nicht eintönig sein.

Wer nicht bereits einen besonders schönen Festsaal besitzt, sollte durchaus zur Mehrzweckhalle im Sozialzentrum übergehen. Nur ist darauf zu achten, daß das Stuhl- und Tischlager auf gleicher Ebene untergebracht wird, sonst braucht man einen überdimensionalen Lastenaufzug, und außerdem muß der Auf- und Abbau der Bestuhlung rasch zu bewerkstelligen sein, sonst geraten alle ausgetüftelten wöchentlichen Nutzungspläne durcheinander. Wir verwahren unsere Stapeltische und Stühle in einer der etwas überdimensionierten Garderoben, die ohnehin nicht genutzt werden, wenn der alltägliche Betrieb läuft.

Wenn schon den Umkleiden für den Sportbetrieb Reinigungsanlagen beigefügt sind, so sollten diese über genügend Duschen verfügen. Es können dann Sport- und Gymnastikstunden gleich verbunden werden mit Körperpflege und Wäschewechsel.

Als letzte mehr technische Bemerkung noch etwas zur Be- und Entlüftungsanlage. Die Kostenträger empfinden es meist schon als recht großzügig, wenn die großen Nutzungsräume mit Be- und Entlüftung versehen sind. Unsere Erfahrung geht dahin, daß man beinahe alle Räume einer solchen Anlage anschließen sollte. Das gilt nicht nur für Friseurladen und Bibliothek, sondern auch für mancherlei Nebenräume. Es ist gar nicht einzusehen, warum Turngeräteräume immer ohne Lüftung sein müssen. Oder etwas anderes: Ein Sozialzentrum, in dem auch musikalisch-rhythmisch gearbeitet wird, außerdem selbstverständlich eine elektroakustische Anlage installiert ist, verfügt über einen Raum, in dem wohl die Zentrale dieser Ela-Anlage untergebracht ist, außerdem die Musikinstrumente verwahrt werden. Es ist ein Kardinalfehler, wenn dieser Raum, der zumeist erst als eine Art Abstellraum gilt, nicht bestens be- und entlüftet ist. Des Stimmens der Musikinstrumente ist sonst kein Ende.

Es wurde schon angedeutet, daß der Personalbedarf nicht gerade klein zu nennen ist. Es läßt sich eine solche Gemeinschaftseinrichtung nicht im Nebenher aus den Reihen einer noch so guten und engagierten Mitarbeiterschaft versorgen. Wir haben von Anbeginn den Weg gewählt, die Anteile der Geschäftsstraße, also Restaurant, Café, Friseursalon und Laden zu verpachten. Vom übrigen Stammpersonal sollte ein Hausmeister schon in den letzten 2 bis 4 Wochen vor der Inbetriebnahme der Einrichtung seinen Dienst beginnen. Er kann sich in dieser Zeit mit der Technik des Hauses bestens vertraut machen, denn er kann sich dann noch von den installierenden Fachleuten selbst unterrichten lassen, mancherlei Winke bekommen, u.a. auch auf Störanfälligkeiten, die es ja immer gibt. Er ist für die erste Zeit ohnehin eine Schlüsselfigur im wahrsten Sinne dieses Wortes.

Wenn das Anlaufen des Sport- und Gymnastikbetriebes vielleicht noch mit Hilfe von Laienkräften – ich meine damit Pflegekräfte, die sportlich aktiv und versiert sind – möglich erscheint, kann nur davor gewarnt werden, den Badebetrieb im Hallenbad derartigen Kräften anzuvertrauen. Dafür bedeuten auch Schwimmscheine, Rettungsscheine und dergl. keine ausreichende Qualifikation. Wir haben uns darauf gar nicht erst eingelassen und das Hallenbad gleich mit einem erfahrenen Bademeister in Betrieb genommen.

Wirkliche Übersicht nämlich über das Getriebe in einer solchen Schwimmhalle, das Lenken und Leiten der rasch einmal überschäumenden und lautstarken Aktivität, das Erkennen von Gefahr für den einzelnen schon im ersten Ansatz gelingt nur dem Professionellen. Ganz abgesehen davon ist die Hygiene und auch die Technik, kurz die Wartung der gesamten Anlage eines Hallenbades ebenfalls nur bei einer solchen Fachkraft in bewährten und guten Händen.

Wenn auch im Sport und in der Gymnastik manches improvisiert werden kann, so stellt sich doch dafür etwa das gleiche heraus wie für den Schwimmbetrieb. Eine Fachkraft, Gymnastiklehrer oder Heilgymnastin, ist doch unabdingbar. Unserer Er-

fahrung nach gehen Laienkräfte zu rasch zu einem mehr oder weniger geordneten Spielbetrieb über, bei dem die Ungewohnten und Schwachen frustriert werden, oder aber es wird ein Training aufgezogen, das die körperlichen Leistungsgrenzen der Kranken nicht genügend achtet. Es ist also eine Fachkraft mindestens erforderlich, die allerdings, wie bei uns geschehen, Kräfte aus dem Pflegepersonal als Aushilfe anleiten sollte und kann, so daß personelle Engpässe überwunden werden können.
Wie bereits erwähnt, haben wir Friseursalon, Laden und Restaurant verpachtet. Beim Friseur hatten wir vermeiden wollen, daß eine Art Betriebshandwerkerstatus zustandekommt. Andererseits sollte sich die finanzielle Belastung der Patienten in tragbaren Grenzen halten. Wir zahlen deshalb dem Pächter eine Pauschale, die von 800 Einzelleistungen monatlich ausgeht. Das ergibt für ihn also eine Art Fixum, und die Patienten zahlen für alle Leistungen einen recht ermäßigten Preis.
Hatten wir anfangs gedacht, der Restaurationsbetrieb würde am besten einem Ehepaar anvertraut, so haben wir in den Vorgesprächen doch bald merken müssen, daß einige unserer Bedingungen so gar nicht zu erfüllen sind. Wir wollten einen durchgehenden Betrieb, möglichst keinen Ruhetag in der Woche und vor allem keine Unterbrechung durch Jahresurlaub von 3 bis 4 Wochen. Außerdem sollten keine personellen Schwierigkeiten auftreten bei größerer Besucherzahl, Veranstaltungen und dergleichen. Nun muß hier bereits etwas erwähnt werden, was noch als Sonderheit gelten muß. Wir waren von Anbeginn bereit, Bier auszuschenken. Wir haben schließlich einen Pächter gefunden, der außer einem großen Ausflugslokal auch eine Großküche und eine Konditorei betreibt. Er hat ausreichend Personalreserven und kann Restaurant und Café voll beliefern und konnte auch noch den Einkaufsladen übernehmen. Wie die gesamte Einrichtung einschließlich Kleininventar stellen wir auch Energie- und Wasserlieferung, so daß ebenfalls zu Sonderpreisen zu kommen war.
Die Preise im Laden dürfen zumindest die von großen Einkaufsgenossenschaften nicht überschreiten, besser noch darunter liegen.
Es muß aber eingestanden werden, daß gerade mit diesem Betriebsteil es doch immer wieder Querelen gibt. Das fängt mit dem Aufstellen von Spielautomaten an, geht über kleine Geschmacklosigkeiten zu zusätzlicher Kleinausstattung und landet auch immer wieder bei den Preisen und bei der personellen Versorgung. Es kann nur geraten werden, auch das Kleinste vertraglich recht genau festzulegen, keine Reklame zuzulassen usw.
Ich will damit auch gleich auf den Ausschank kommen. Es ist wohl so, daß der Gastronom recht rasch seine Pappenheimer kennt. Aber zu unserem Leidwesen ist er nicht so sehr bereit, mitsteuernd einzugreifen, wie anfangs abgesprochen war. Warum haben wir uns nun überhaupt darauf eingelassen? Dortmund ist eine Stadt mit 6 Großbrauereien. Außerdem gibt es um unser Gelände herum zahlreiche Kioske, die Bier verkaufen. Es war ein ständiges Ärgernis, daß die zunehmende Öffnung des Klinikbetriebes zu Patientenansammlungen an diesen Kiosken führte und der Alkoholkonsum auf diese Weise, sich in Randbezirke verlagernd, außer Kontrolle lief.
Wir meinen im übrigen nicht, daß außer Alkoholkranken alle anderen völlige Abstinenz zu halten haben. Wir meinten, erreichen zu können, daß der Gaststättenbesuch, der nach der Entlassung ohnehin erfolgt, durchaus auch ein Trainingsfeld ist. Wir wollten in dieser Hinsicht wirklich Bedingungen von draußen reproduzieren, sie aber doch genügend im Auge haben. So haben wir also einen normalen Restaurations- und Caféhausbetrieb im Sozialzentrum installiert. Aber es macht eine ständige Mühe, ihn gerade hinsichtlich des Ausschankes im Zaume zu halten. Wir sind dazu übergegangen, feste Ausschankzeiten für Bier einzurichten. Da gibt es sogar vormittags eine

Stunde von 10.30 - 11.30 Uhr. Es ist dies aber eine Zeit, die nur wenig in Anspruch genommen wird. Anders ist es dann in der Zeit von 16.00 bis 18.00 Uhr. Es hat sich herausgestellt, daß nur eine sehr kleine Gruppe von 1 bis 2 Dutzend Patienten Grenzen nicht einhält. Immerhin läßt sich auch das, wenn auch mit einer Skala, die manchem vielleicht schon wieder zu autoritär erscheint, meistern, eine Skala von Maßnahmen also, die von Warnungen über Lokalverbot zu Ausgangsverbot reicht. Auffällig ist, daß die Alkoholkranken, die sich in Entwöhnungsbehandlung befinden, nie im Zusammenhang mit dem Angebot des Sozialzentrums rückfällig werden. Im Sozialzentrum demonstrieren sie geradezu vorbildliche Enthaltsamkeit.
Wenn Sport und Gymnastik wie auch Schwimmen nicht nur ein Spaß für Freiwillige sein soll, sondern wohldosiertes körperliches Training, auch Anstoß zu nonverbaler Kommunikation, dann müssen diese Aktivitäten eingeplant werden in die Tagesabläufe einer jeden Abteilung und eben auch verordnet werden wie Medikamente. Es kommt gerade diese Tageseinteilung einem Puzzlespiel gleich. Es lassen sich gruppenweise Unterbrechungen in der Arbeits- und Beschäftigungstherapie nicht vermeiden. Aber es gibt eben auch eine heilsame Unruhe in manchem noch recht kustodialen Stationsbetrieb. Und es ist dabei auch immer wieder auffällig, wie sehr es von den Abteilungen, auch von anderen gruppentherapeutischen Aktivitäten her, aus den verschiedensten anderen Anlässen leicht Entschuldigungen gibt, warum Stundenpläne angeblich nicht eingehalten werden können. Da ist dann anderes wichtiger. Selbstverständlich gilt das nicht für das Kegeln. Dafür ist beinahe immer Zeit. So kann Kegeln geradezu in ein Tokensystem eingebaut werden.
Die Auswirkungen des Begegnungszentrums Café-Restaurant sind mannigfaltig. Als erstes kommt der Sonntagsanzug zu viel größeren Ehren. Geradezu schlagartig achten die Kranken auf ihre Kleidung. Die Umgangsformen verbessern sich bzw. es lebt manches wieder auf, was offenbar verschüttet war. Es braucht auch nicht mehr so zugeredet zu werden, auf sich zu achten, zum Friseur zu gehen. Wenn auch der Umgang mit Geld sich in den langen Jahren der zunehmenden Öffnung der Anstaltspsychiatrie gewandelt hat, so wird jetzt doch noch wesentlich besser und in eigener Initiative eingeteilt. Der Besuch der Angehörigen hat sich rasch in recht großem Maße aus den Besuchszimmern heraus verlagert in das Sozialzentrum. Vor allem ist auch aufgefallen, daß zumindest an den Wochenenden wieder ganze Familien ihre Angehörigen besuchen, Familien, die längere Zeit nur noch einen Pflichtabgesandten schickten und auch den in nur großen Zeitabständen. Es muß allerdings auch eingestanden werden, daß in den ersten Monaten die Neugier den Besucherbetrieb hochtreibt, manches davon wieder abflaut. Andererseits bleibt gerade dieser Beginn Anlaß zu vermehrter Öffentlichkeitsarbeit. Wir haben eine so große Anzahl von Gruppen aus der Bürgerschaft und kirchlichen Gemeinden, aus dem politischen und kommunalen Leben überhaupt noch nie im Hause gehabt. Es haben sich daraus echte Verbindungen ergeben. Der Besuchsdienst, der immer wieder mal Flauten erlebt, ist aktiviert. Es haben sich in der Bürgerschaft Gruppen gebildet, die Verbindung mit ehemaligen Patienten halten, Verbindungen auch mit Kranken ihrer Gemeinde bereits während der stationären Behandlung aufzunehmen suchen.
Insgesamt kann gesagt werden, daß mit Hilfe einer solchen Begegnungsstätte manche Barriere sich leichter niederbrechen läßt.
Es gibt natürlich auch Ansuchen um Begegnungen, die nicht echt patientengerichtet sind. Das geht nach dem Motto: Da ist ein Restaurant, ein ausgezeichneter Saal, eine Kegelbahn. Es melden sich Vereine, Organisationen verschiedenster Art, die alle plötzlich ihr Herz für die Patienten entdecken. In Wahrheit brauchen sie eine Halle

zum Sporttraining, einen Saal für eine ihrer Veranstaltungen, und es wird dann so nebenher versprochen, daß man natürlich auch einmal für die Patienten „etwas machen könne". Wir lassen deshalb gleich keinen Zweifel daran, daß draußen bleiben muß, wer unseren Kranken nicht begegnet, sich ihnen nicht zuwenden will. Und das wird von mehr Bürgern eingesehen, als man meinen möchte. So werden Patientengruppen auch von Vereinigungen eingeladen, die sonst nie auf den Gedanken gekommen wären, Kontakt mit unserem Hause, vor allem mit unseren Kranken zu bekommen. Wir hinwiederum müssen darauf achten, daß nicht immer dieselben Kranken zu solchen Kontakten kommen, sozusagen Starpatienten für gesellschaftliche Veranstaltungen entstehen. In diesem Zusammenhang muß ich auch noch auf den Pächter zurückkommen. Es muß verhindert werden, daß der Pächter der Restauration eine Position einnimmt, die bei keiner noch so kleinen gesellschaftlichen Aktivität zu umgehen ist. Wenn jede von Abteilungen oder ständig mit uns zusammenarbeitenden Kreisen organisierte Veranstaltung, sei es eine Tanzveranstaltung oder eine Kaffeetafel oder irgendein anderes Treffen überhaupt, an Zulieferung durch den Gastronomen gebunden ist, wirkt das einengend und vor allen Dingen finanziell eben doch zu belastend. Wir haben an diese Schwierigkeiten rechtzeitig gedacht und haben deshalb eine kleine, frei verfügbare Wirtschaftseinheit auch räumlich weit genug entfernt vom Restaurant eingerichtet. In dieser Kleinküche mit genügend großer Durchreiche können solche Veranstaltungen sich selbst versorgen; sie sind damit unabhängig von dem gesamten übrigen Zulieferbetrieb.
Nach all dem, was bis hierhin, orientiert an der Raumordnung unseres Sozialzentrums, berichtet worden ist, erhebt sich doch die Frage, was bringt denn nun eine solche Einrichtung an echtem Fortschritt? Stellt sie nur eine Verbesserung der Lebensqualität für unsere Kranken dar, was ja auch einen Hospitalisierungseffekt haben könnte, oder hat sie aktivierende therapeutische Wirkungen? Ist es ein soziales Übungsfeld? Wirkt es nur in intramuraler Richtung oder extramural? Um es vorwegzunehmen, von allem steckt etwas drin. Zunächst einmal bringt es Unruhe durch den Zwang, vitalisiert zu werden und zu bleiben. Es lassen sich lang eingeschliffene Tagesabläufe nicht halten. Die größte Schwierigkeit ist, zeitliche Ausgewogenheit zu erreichen zwischen Arbeitstherapie und dem körperlichen Training, also Sport, Gymnastik, Schwimmen. Die Verbesserung der Lebensqualität ist ein Nebeneffekt. Der eigentliche Fortschritt liegt in der allgemeinen Aktivierung, im Training sozialer Kommunikation. Selbst wenn die erste, in der Hauptsache vielleicht von Neugier geprägte Phase des Bürgerinteresses vorüber ist, bleibt doch ein ausreichender Brükkenschlag zur Außenwelt, und es scheint mir sehr heilsam, daß mit einem vitalen Sozialzentrum ein be- und gehütetes isoliertes Eigenleben in einem Landeskrankenhaus gar nicht mehr möglich ist. Ein Sozialzentrum erweist sich als ein Prüfstein, ob von Liberalisierung, Demokratisierung, sozialpsychiatrischer Aktivität oder wie man es nennen mag, in einem psychiatrischen Klinikbetrieb die Rede ist oder ob dieser Betrieb das tatsächlich praktiziert.

Diskussion

Böker, Mannheim: Sie haben wirklich beide - vor allem Herr Winkler - mit dem sympathischen Stolz von Kurdirektoren Ihre Einrichtungen vorgestellt und selbst schon auf den kritischen Einwand hingewiesen, daß man evtl. durch eine solche Ausfaltung geschützter sozialer Beziehungen für manche Kranken den Hospitalismus fördern könnte. Ich glaube, wir haben den Eindruck, daß trotzdem die Vorteile weit überwiegen, die darin bestehen, daß die Gemeinde, die Angehörigen vor allem, aber auch Sportklubs und dergleichen in die Anstalten hineinkommen und sich dadurch soziale Beziehungen neu knüpfen.
Ich würde die Frage stellen, ob man nicht noch mehr als bisher Rehabilitationsplätze, z.B. Lehrküchen oder Ausbildungsplätze in Friseurstuben, in diesen Sozialzentren einbauen könnte und dadurch vielleicht bestimmte, besonders zurückgezogene oder leistungsbehinderte Kranke in einer geschützten Atmosphäre rehabilitieren helfen könnte. Das ist die eine Sache, die mich interessiert, und das andere wäre, ob nach Ihrer Erfahrung bestimmte Krankengruppen besonders profitieren oder es nicht gar Gruppen gibt, die sich vielleicht dieser Zentren bemächtigen. Wir haben heute morgen gehört, daß Alkoholiker eine ausgeprägte Neigung zur Kumpanei und zur Gruppenbildung haben; möglicherweise suchen sie solche Zentren auf und drängen sich dort vor. Autistische Schizophrene oder Depressive könnten an den Rand gedrängt werden. Wie da Ihre Erfahrungen sind, würde mich sehr interessieren. Also der eine Punkt bezieht sich auf die Schaffung von Rehabilitationsstellen, der andere Punkt auf besondere Erfahrungen mit Diagnosegruppen. Und eine letzte Frage: Gibt es schon Erfahrungen über Begegnungen mit den Angehörigen und mit den Gemeindegruppen draußen? Bilden sich schon Keime von Kopier-Aktivitäten draußen in der Wohngemeinde?

Winkler, Gütersloh: Wir haben bisher in unserem Sozialzentrum keine Rehabilitationsplätze. Eine Lehrküche könnte allerdings in einem zukünftig zu bauenden Sozialzentrum durchaus ihren Platz haben. Nun muß ich allerdings sagen, daß wir für unsere Patienten besondere Rehabilitationsprogramme industrieller Art entwikkelt haben: So haben wir im Gelände unseres Landeskrankenhauses eine große Industriehalle, in der insgesamt bis zu 80 oder 90 Patienten des Westfälischen Landeskrankenhauses Gütersloh und 50 Patienten der Westfälischen Landesheilstätte Gütersloh arbeiten; dort werden täglich 140 Wäschetrockenautomaten von A-Z montiert. Sie finden dort also einen normalen Industriebetrieb vor, in welchem die Patienten für normale Industriearbeiten trainiert werden. Zweitens haben wir den Status des Patienten, der draußen in der Industrie arbeitet. Die Patienten sind also noch Patienten des Krankenhauses, arbeiten aber schon extramural in einem normalen Industriebetrieb draußen. Dann haben wir drittens den Nachtklinikstatus und viertens zwei Übergangswohnheime (eines liegt in der Stadt, das andere, das von unserem gemeinnützigen Verein für Rehabilitation e.V. eingerichtet und vor einigen Wochen in Betrieb genommen worden ist, liegt in der Nähe von Bielefeld in Oerlinghausen). Es wird von uns also eine intensive Rehabilitation betrieben. Das Sozialzentrum ist davon allerdings nicht tangiert, es bietet gesonderte Programme. Nun zur Frage, ob einzelne Patientengruppen bevorzugt das Sozialzentrum okkupiert haben. Das läßt sich nicht behaupten, aber es wird vielleicht besonders stark von unseren chronisch Kranken genutzt, was wir sehr begrüßt haben. Es ist jedenfalls nicht so, daß etwa die Alkoholkranken oder die jugendlichen Patienten anderen Gruppen den Platz streitig machen im Sozialzentrum. Dann ist noch eine dritte Frage gestellt worden: Inwieweit sich auch draußen in der Gemeinde Gruppen gebildet haben, die Patienten von uns betreuen. Damit ist unser Bürgerkreis angesprochen. Ich sagte schon in meinem Vortrag, daß hinter manchen Einzelmitgliedern des Bürgerkreises ganze Organisationen stehen, wie etwa die Caritas, einzelne Kirchengemeinden oder ein Club. So haben sich vielseitige Kontakte ergeben. Es kommt z. B. vor, daß einzelne Bürger aus der Stadt Patienten oder Patientengruppen zu sich nach Hause einladen oder daß einzelne Kirchengemeinden für unsere Patienten draußen etwas veranstalten. Noch ein Beispiel: Eine Klasse eines Gymnasiums aus Gütersloh kam lange Zeit wöchentlich einmal zum Fußballspiel zu uns und spielte gegen eine Abteilung mit chronisch Kranken und das dort tätige Pflegepersonal Fußball. Das war immer ein großes Hallo, und es entstand genau dieselbe Geräuschkulisse wie auf einem großen Fußballfeld. Es haben sich also vielerlei Kontakte nach draußen ergeben.

Leonhardt, Dortmund: Ich wollte nur noch ergänzen zu den Rehabilitationsplätzen: Man sollte wirklich beachten, daß man wenigstens an jedem Betriebspunkt da drin ein, zwei solcher Plätze hat. Aber etwas anderes noch zu den Gruppenbildern. Es ist von uns sehr darauf zu achten, daß sich bei den vielen Einladungen und Veranstaltungen, die von draußen von Bürgerkreisen gemacht werden, nicht Gruppen von, ich will mal so sagen, „Starpatienten" herausbilden, die dann also immer wieder zu solchen Dingen eingeladen werden. Das muß man dann verhindern und etwas lenkend eingreifen. Im übrigen haben sich also die Verbindungen nach draußen schlagartig eingepflanzt. Nachbargemeinden sind gekommen, von denen man das nicht angenommen hätte, konfessionelle Nachbargemeinden, die anfangs sagten, wir wollen nichts zu tun haben mit diesem Aplerbeck, die sind also bei uns erschienen und leisten jetzt sehr aktive und gute Arbeit.

Kryspin-Exner, Wien: Ich darf beide Vortragende jetzt schon um Entschuldigung bitten, aber ich möchte mich eindeutig gegen die Einrichtung von Sozialzentren in psychiatrischen Landeskrankenhäusern aussprechen. Und zwar aus folgenden Gründen: Wir wissen um die Chronizität des Krankengutes und dessen relativ große körperliche Gesundheit und die Notwendigkeit einer langdauernden Unterbringung. Wir wissen aber auch, daß die psychischen Erkrankungen ja nur einen Teil der Persönlichkeit befallen und der übrige Teil – und das muß die Psychiatrie doch jetzt im Laufe der Jahrzehnte erkannt haben – doch ziemlich normale Verhaltensweisen zeigt. Wir wissen auch, daß das Ansehen der Landeskrankenhäuser – psychiatrischer Krankenhäuser – bei der Bevölkerung gering ist. Es ergibt sich daraus die absolute Selbstverständlichkeit, daß psychiatrische Institutionen in dieser modernen Form eingerichtet werden müssen. Es erscheint mir die Darstellung einer Selbstverständlichkeit als Fortschritt gefährlich, ebenso ein Hinnehmen der mittelalterlichen Zustände als Ist-Zustand. Das ist, glaube ich, nicht die richtige Durchsetzungstaktik für die Psychiatrie. Ein psychiatrisches Krankenhaus hat ein modernes Zentrum zu sein, und in Anbetracht des Wohlstandes der Bevölkerung ist ein Kinosaal und ein Sprachlabor und eine Sauna und ein Schwimmbad usw. eine Selbstverständlichkeit für eine Anstalt, in der Hunderte von Leuten monatelang und oft länger untergebracht sind. Wir dürfen nicht staunend davor stehen, daß das gut ist, wissen wir doch längst, daß das für unsere Patienten gut ist und daß es eine unabdingbare Forderung an die Kostenträger ist. Wir müßten nicht das als Fortschritt darstellen, sondern sagen, wo kein Sprachlabor und kein Schwimmbad und keine Turnhalle vorhanden sind, ist eine Institution inhuman und mittelalterlich.

Häfner, Mannheim: Vielen Dank Herr Kollege Kryspin-Exner, der Beifall zeigt Ihnen, daß Ihre Worte auf fruchtbaren Boden gefallen sind. Ein weiterer Kommentar dazu ist, so scheint mir, nun nicht mehr erforderlich. Wer hat sich noch zur Diskussion gemeldet?

Feuerlein, München: Ich möchte an das anknüpfen, was Herr Böker schon gesagt hat. Herr Böker hat gefragt, welche Gruppen sich in den Sozialzentren nun besonders einfinden? Ich möchte die Frage umgekehrt stellen: Welche Gruppen sind nicht in den Sozialzentren? Gibt es Frequenzanalysen? Was kann man tun, um diese Gruppen in die Sozialzentren zu bekommen, bzw. aus welchen Gründen gehen diese Gruppen - die also im Schatten leben - nicht in die Sozialzentren hinein?

Winkler, Gütersloh: Wir haben keine Gruppen, die nicht das Sozialzentrum benutzen; das Sozialzentrum steht wirklich allen offen. Allerdings war es anfangs schwierig, alle Abteilungen damit zu erreichen. Das lag an Widerständen seitens des Pflegepersonals. In meinem Vortrag deutete ich bereits an, daß nämlich manche Schwestern und Pfleger zunächst nicht wußten, welche neuen Möglichkeiten das Sozialzentrum bietet. So ist die Leiterin unseres Sozialzentrums eben auf die betreffenden Abteilungen gegangen und hat die nötigen Informationen gegeben. Außerdem haben wir innerhalb unseres Landeskrankenhauses sehr viel Propaganda für das Sozialzentrum gemacht. Im Anfang waren vielleicht die älteren Patienten ein wenig benachteiligt, weil sie bei uns noch alle auf geschlossenen Abteilungen untergebracht sind. (Wir haben fünf Abteilungen für Alterskranke, und alle fünf Abteilungen sind geschlossen.) Um auch diesen Patienten die Möglichkeiten zum Besuch des Sozialzentrums zu geben, haben wir spezielle Altennachmittage eingerichtet, und seitdem das geschehen ist, kommen nun auch diejenigen älteren Patienten, die wenigstens in Begleitung Ausgang haben, öfter als anfangs in das Sozialzentrum. Es ist keine Gruppe ausgeschlossen.
Eine Frequenzanalyse wird jetzt gerade durchgeführt, und zwar im Auftrag des Landschaftsverbandes, allerdings nur für das Schwimmbad und die Turnhalle. Es soll ermittelt werden, wieviel Prozent der Patienten eigentlich das Schwimmbad und die Turnhalle nutzen. Ich kann Ihnen Auskünfte erst in 5-6 Monaten geben.

Häfner, Mannheim: Ja, vielleicht darf ich selbst noch eine Bemerkung anhängen: Ich glaube sicher, daß wir, wenn die Erfahrungen gewachsen sind, wenn die von Herrn Kryspin-Exner als normale Forderung der Gegenwart für unsere Patienten formulierten Bedingungen geschaffen sind, daß wir dann doch zu einer differenzierteren Betrachtung kommen werden. Sicherlich ist es so, daß die notwendige soziale Stimulation solche Einrichtungen für unsere Patienten ermöglichen, dem Institutionalismus vorbeugen oder Institutionalismus reduzieren kann. Ein ganz entscheidender Faktor ist - darauf hat Herr Winkler eingehend hingewiesen -, daß diese Sozialzentren auch andere als die früher üblichen sozialen Aktivitäten in Landeskrankenhäusern leisten. Sie müssen Stellen der Begegnung, Drehscheiben nach draußen werden, kurz die Möglichkeiten für Patienten schaffen, Kontakte mit draußen zu gewinnen. Dazu müssen sie Bürgerinitiativen wecken und Leute engagieren, die gleichsam eine Brücke bilden nach draußen. Natürlich gibt es auch eine andere Seite, und das ist etwa das für einen kleinen Teil der Kranken relevante Problem der Überstimulation. Wenn wir an die Untersuchung etwa von Barbara STEPHENS denken, so haben wir mit einer kleinen Zahl autistischer Schizophrener zu rechnen, die, wenn sie nur in einen intensiveren Gruppengesprächskontakt kommen – das ist noch keine Gruppentherapie im engeren Sinne –, Zusammenbrüche und erhöhte Selbstmordraten entwickeln. Andererseits ist an die WINGschen Untersuchungen über die „neuen chronischen Patienten" zu denken, die auch in Übergangseinrichtungen Institutionalismus entwickeln und dazu neigen, eine Dauerbleibe aufzubauen. Solche differenzierteren Betrachtungen werden wir sicher entwickeln müssen, und die begonnenen Untersuchungen von Herrn Winkler sind ein Schritt dazu, Kenntnisse darüber zu sammeln.

Gerber, Merzig: Ich hätte nur kurz eine Frage, warum die Institution in dem Sozialzentrum nicht von einem Hilfsverein getragen wird, und warum Sie hier Pächter nehmen?

Winkler, Gütersloh: Wir haben uns das sehr genau überlegt und uns im Rheinland informiert. Dort hörten wir, daß der Betrieb der Cafeteria und des Verkaufsgeschäftes durch ein Sozialwerk e.V. an Sonn- und Feiertagen und Samstagnachmittagen Schwierigkeiten bereitet. So wurde uns jedenfalls damals gesagt. Deshalb haben wir die Cafeteria und das Verkaufsgeschäft verpachtet. Ein Pächter ist ja sehr daran interessiert, möglichst viele Kunden zu haben, und so ist er auch dazu bereit, gerade samstags, sonntags und an den Feiertagen den Betrieb offenzuhalten. Allerdings hat es manchen Ärger wegen der Preise gegeben. Mit einem Sozialwerk können Sie die Preise niedriger halten. Darin würde ich eigentlich den einzigen Vorteil sehen.

Leonhardt, Dortmund: Ich meine auch, das Verpachten bringt ein fremdes Element mit herein. Es soll nicht gleich wieder irgendwie eine Zuwendung sofort damit verbunden sein, die so etwas Halb- oder Viertelfamiliäres hat. Das ist also doch schon bei Verpachtung wesentlich mehr Normalbetrieb, als man es mit einer anderen Organisationsform erreichen kann. Auch mit allen Querelen, die damit verbunden sind. Aber ich weiß, daß darüber sehr gestritten wird.

Gestaltung der Beschäftigungs- und Arbeitstherapie im Bezirkskrankenhaus Gabersee

Von H. Kroiß

Nachdem uns Herr LEONHARDT und Herr WINKLER über Ihre vorbildlichen und beneidenswerten Sozialzentren so eindrucksvoll berichtet haben, darf ich Ihnen einen kurzen Einblick in die Gestaltung und Organisation der Beschäftigungs- und Arbeitstherapie am Bezirkskrankenhaus Gabersee bei Wasserburg am Inn vermitteln.
Ich brauche nicht die theoretischen Prinzipien, Aufgabenstellung und Bedeutung zu interpretieren, welche die Beschäftigungs- und Arbeitstherapie in unserem therapeutischen Gesamtprogramm und im Tagesablauf unserer Kranken einnimmt.
Bei der mir zur Verfügung stehenden Zeit kann ich Ihnen auch nicht die breite Palette der vielfältigen Betätigungssparten und Möglichkeiten an unserem Hause im einzelnen aufzeigen. Ich möchte mich darauf beschränken, Ihnen unsere Zentraleinrichtung für Beschäftigungs- und Arbeitstherapie mit Werkstätten für ca. 400 Patienten zu demonstrieren.
Bevor ich einen praktischen Einblick in die Organisation und Funktion unserer Spezialeinrichtung gebe, die wir nach modernsten Gesichtspunkten konzipiert haben und seit 5 Jahren mit bestem Erfolg betreiben, noch kurz einige Vorbemerkungen: Ist es überhaupt richtig und zweckmäßig, die Beschäftigungs- und Arbeitstherapie in einem so großen Ausmaß zu zentralisieren, wie wir es getan haben? Vielerorts wird heute noch Wert darauf gelegt, die Beschäftigungs- und Arbeitstherapie in engster Verbindung mit den einzelnen Krankenabteilungen oder in den Stationen selbst zu betreiben. Wir haben es früher auch getan. Bei der Planungskonzeption sind wir von der Überlegung ausgegangen, daß eine Zentralisierung neben dem eigentlich einzigen vermeintlichen Nachteil der längeren Wege von den einzelnen Abteilungen wesentliche Vorteile, um nicht zu sagen, optimale Möglichkeiten bietet. Der Nachteil der längeren Anmarschwege von den Stationen wird aber vor allem für die Patienten, die noch nicht einer freieren Behandlung zugeführt werden können, durch das tägliche Erlebnis von Spaziergängen in unseren gepflegten Parkanlagen bei weitem aufgewogen. Der entscheidende Vorteil der Zentralisierung liegt m. E. aber in den vielfältigen und differenzierten Betätigungsmöglichkeiten in allen Bereichen der Beschäftigungs-, Werk- und Arbeitstherapie, wie sie in den einschlägigen, der Zentrale gleichfalls angegliederten Werkstätten-Betrieben schwerpunktmäßig und auch sehr personalintensiv geboten werden können.
Durch eine gezielte und nach milieutherapeutischen Aspekten ausgerichtete Raumaufteilung ist es uns gelungen, auch die zum Teil sehr großen Räume wohnlich, behaglich und auch nach gruppentherapeutischen Gesichtspunkten wirksam werden zu lassen. Dadurch kommt auch nirgends – selbst nicht in den Werkstätten – eine triste und sterile Fabrikatmosphäre auf.
Wir glauben, daß wir mit der Konzeption einer engen Verflechtung der Beschäftigungstherapie mit den der eigentlichen Arbeitstherapie dienenden Werkstätten eine bestmögliche Synthese erzielt haben, um unseren Kranken ein weitgestreutes, vielfältiges und jeweils auf das psychopathologische Zustandsbild abgestimmtes, optimales Betätigungsfeld zu bieten. So können wir sie stufenweise von der schöpferischen- und Gestaltungstherapie angefangen bis zur höchsten Rehabilitationsstufe führen.

Einen weiteren, entscheidenden Vorteil der Zentralisierung sehen wir auch in der Personalintensität des Betriebes. Während der Beschäftigungszeiten (von 7.45 - 11.00 Uhr und von 13.15 - 16.30 Uhr) wird das auf den Krankenstationen entbehrliche Personal in der Zentraleinrichtung eingesetzt oder steht zu anderen Dienstleistungen zur Verfügung.

Die Institution steht unter der Leitung eines erfahrenen Oberarztes und Therapieoberpflegers. Zum Betrieb der Zentrale stehen uns in der Regel 4 Beschäftigungs- und Arbeitstherapeutinnen, 4 Berufspraktikantinnen, die also bereits ihr Staatsexamen abgelegt haben, sowie 4 - 6 Schulpraktikantinnen von der Fachschule für Beschäftigungstherapie in München zur Verfügung. Dazu kommt speziell geschultes Krankenpflege- (9) und Werkpersonal (18), so daß wir insgesamt im Schnitt auf eine Personalquote von 1:12 kommen.

Nun noch kurz einige Daten zur Größenordnung und Grundgliederung: Der Atrium-Bau beherbergt im Untergeschoß je einen Werkraum für Holz- und Metallarbeiten, einen Brennraum für Keramik sowie Sanitäreinrichtungen und Lagerräume. Im Obergeschoß liegen die Räume für die Beschäftigungstherapie im engeren und weiteren Sinne wie Malen, Holzschnitzen, Keramik, Handweben, Flechtarbeiten, Spielzeugfertigung etc., die trotz ihrer Größe (278 qm, 231 qm, 141 qm) durch formschöne Raumteiler mit Blumen und Fertigerzeugnissen behaglich wirken und eine nach gruppentherapeutischen Gesichtspunkten ausgerichtete Aufgliederung von jeweils 12 - 24 Arbeitsplätzen bringen. Neben den Großräumen befinden sich im Atrium noch ein Musikraum, Arztzimmer, Büros für Beschäftigungstherapeuten, Garderoben, Lagerräume und die üblichen Sanitäreinrichtungen. Für die Arbeitspausen bietet sich ein Innenhof (150 qm) mit kleinem Springbrunnen und Blumenschmuck an.

Das dreigeschossige Werkstättengebäude, das mit dem Atrium direkte Verbindung hat, beherbergt im Untergeschoß die Werkstätten für Schlosser, Spengler, Installateure und Maurer sowie die Umkleideräume, eine Brotzeitstube, Duschen, Bäder und Materiallager.

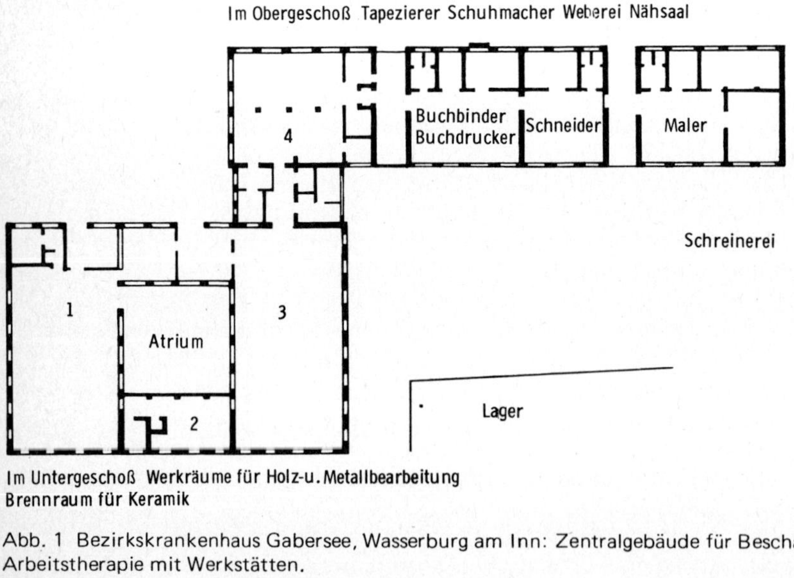

Abb. 1 Bezirkskrankenhaus Gabersee, Wasserburg am Inn: Zentralgebäude für Beschäftigungs- und Arbeitstherapie mit Werkstätten.
Grundriß (Atriumbau: 1,3,4 = Werkräume, 2 = Musikraum)

Im Erdgeschoß befinden sich die Werkstätten für Buchbinder, Buchdrucker, Schneider und Maler. Im Obergeschoß schließlich sind die Schuhmacher, Tapezierer und Sattler sowie eine Nähstube und eine große Weberei untergebracht.
Die Kosten beliefen sich einschließlich der Inneneinrichtung, wobei uns die Talsohle der letzten Wirtschaftsrezession 1966/67 sehr zur Hilfe kam, auf 2,5 Mio DM, ein Ansatz, mit dem wir heute sicher nicht mehr zurechtkämen. Die Einrichtung bietet eine Beschäftigungsmöglichkeit für über 400 Patienten. Weitere Betätigungsmöglichkeiten finden unsere Kranken natürlich wie auch anderenorts in den Wirtschafts- und Versorgungsbetrieben, in der Parkpflege, der Gärtnerei und anderen. Im Schnitt sind in Gabersee, die Bettlägerigen abgezogen, ca. 90% aller Patienten in einer sinnvollen Betätigung.

Zur Umgestaltung eines psychiatrischen Krankenhauses in Berlin

Von W. Keup

Die Irrenanstalt Dalldorf wurde am 31. Januar 1880, also vor 94 Jahren, ihrer Bestimmung übergeben. Sie war mit dem großzügigen Schwung der Gründerzeit geplant worden und sollte den psychiatrisch Kranken der Metropole Berlin eine adäquate Unterkunft und Therapiestätte geben, da schon seit langem die Unterbringungsmöglichkeiten in der Charité und anderswo unzureichend geworden waren. In nur 2 Jahren und 9 Monaten wurden 10 große Gebäude erstellt, die 1000 psychiatrischen Patienten Unterkunft, Beschäftigung und Arbeit gaben. Ein Jahr darauf wurde eine „Aufziehungsanstalt für idiotische Kinder" in zwei weiteren Gebäuden mit 90 Betten angeschlossen (Gebäude 11 und 12, Abb. 1).

Bauweise und Unterbringungsbedingungen waren für die damalige Zeit beispielhaft. Dieselbe Zeit hatte unter der Führung von Heinrich LAEHR in Berlin den „Schweizer Hof" hervorgebracht, eine private psychiatrische Therapieeinrichtung, die ihrer Zeit weit voraus war.

Der Bau unserer Klinik war in einem niedrig gelegenen moorigen Gelände vor der Stadt erfolgt, nahe einem kleinen Gletschersee, der aus der Diluvialzeit hier übriggeblieben war. Diese Geländeverhältnisse erforderten die Aufschüttung einer Baumatratze aus Sand, auf die die 10 Hauptgebäude der Klinik in festgefügter Karreeform um das zentrale Wirtschaftsgebäude gruppiert aufgestellt wurden.

Die einzelnen Gebäude sind langgestreckt, klar übersichtlich, nüchtern. Sie sind jedoch umgeben von einem herrlichen alten Park. Früher gehörten ein Bauernhof und eine Reihe von Feldern dazu.

Die Gründung liegt nun fast 100 Jahre zurück. Bis in die frühen fünfziger Jahre änderte sich an der hier geübten Therapie nur wenig. Eine adäquate Unterbringung und Fürsorge für die Patienten war das Hauptziel der Klinik geblieben, obwohl die Anzahl der beherbergten Patienten bereits empfindlich angestiegen war. Seit der Einführung der Neuroleptika hat sich aber auch in dieser Klinik ein grundsätzlicher Wandel vollzogen. Viele Patienten konnten entlassen werden, neue psychologische Behandlungsverfahren wurde möglich. Erkenntnisse über Interaktion einzelner in Gruppen haben neue Wege gewiesen. Dennoch – wir leben in einer Zeit zwar bereits erkannter, jedoch unausgeschöpfter psychiatrischer Möglichkeiten. Begrenzungen sind im wesentlichen in zwei Richtungen gegeben: Erstens zwingt uns ein Mangel an Geldmitteln dazu, moderne Therapie unter Lebensbedingungen der Patienten zu versuchen, die für diese Therapie ungeeignet sind. Damit besteht die Gefahr, daß Therapieversuche scheitern und nun nicht die unzulänglichen Bedingungen, sondern die moderne Psychiatrie angeschuldigt wird. Wir sind uns jedoch wohl alle dessen bewußt, daß es sich nicht eigentlich um einen Mangel an Mitteln handelt, in einem Land, das zu den wohlhabendsten der Welt gehört, sondern vielmehr um einen Mangel an Motivation, die Prioritäten so zu setzen, daß unseren Schutzbefohlenen rasch geholfen werden kann. Zweitens liegt eine weitere wesentliche Begrenzung in der unzureichenden Verfügbarkeit von Personal. Die Konkurrenz um die verfügbare „man power" ist auch mit ausreichenden Geldmitteln nur begrenzt zu gewinnen.

Keine Generation von Psychiatern, Psychologen, Krankenschwestern und -pflegern vor uns ist wohl je derart gefordert worden, erfinderisch, aktiv und hingegeben zu sein in der Überbrückung dieser klar vor uns stehenden Begrenzungen. Wie denn soll man vorgehen, um die alte „Anstalt" zu modernen psychiatrischen Therapieinstituten zu wandeln?

Grundsätze der Planung

Die Verwandlung ist kostspielig und bei Politikern meist unpopulär; sie wird nur dann durchzusetzen sein, wenn mit persönlichem Engagement Grundsätze vertreten werden, die realistisch, durchführbar und einleuchtend sind. Zu diesen Gesichtspunkten gehören die folgenden:

1. Die durch die Umwandlung entstehenden öffentlichen Kosten müssen tragbar und öffentlich vertretbar sein.
2. Die entstehende Einrichtung muß mit einem praktisch erreichbaren Personalaufwand betrieben werden können.
3. Die aufzuwendenden Betriebskosten nach der Umwandlung müssen mit den Betriebskosten anderer Krankenhauseinrichtungen vergleichbar bleiben.
4. Die Bevölkerung, besonders aber die sie vertretenden Politiker müssen von der Lösung überzeugt sein; eine intensive Aufklärungs- und Beteiligungsarbeit ist dazu notwendig.
5. Das Resultat der Bemühungen, die neu errichtete Institution, muß vielzweckig bleiben, so daß sie trotz möglicher Veränderungen im psychiatrischen Konzept in der Zukunft für die Gemeinde von bleibendem Nutzen ist.

Eine nüchterne Planung mit Prioritätensetzung und Zeitplan ohne Utopien nach den oben angeführten Gesichtspunkten ist daher eine unbedingte Notwendigkeit.

Ziele der Neuorientierung

Es ist wohl kaum zu bestreiten, daß die englischen Bestrebungen, psychiatrische Einheiten an Allgemeinkrankenhäuser anzufügen und sie als einen integrierten Bestandteil der allgemeinen Medizin zu betreiben und darin eine regionale Psychiatrie durchzuführen, wünschenswert sind. Regionale Psychiatrie gibt jedoch nur dort einen Sinn, wo sich die Region, die versorgt wird, als eine Einheit, eine geschlossene Gemeinschaft fühlt. Das ist nur begrenzt der Fall dort, wo, wie in der Großstadt Berlin, die psychiatrische Großklinik inmitten eines dichten Nahverkehrsnetzes gelegen ist. Der Berliner wird sich nicht als Moabiter oder Tiergartner, sondern eben als Berliner fühlen.

Zur Verwirklichung des „Englischen Systems" ist einerseits eine ausreichende Anzahl tragfähiger Allgemeinkrankenhäuser Voraussetzung, andererseits muß bei ihnen ausreichend Baugrund bereitstehen. Beides ist in Berlin nicht gegeben. Die Berliner Krankenhausbedarfsplanung sieht vor, daß 1000 weitere psychiatrische Betten bereitgestellt werden. Es wäre zu wünschen, daß sie trotz der bestehenden Schwierigkeiten im Verbande von Allgemeinkrankenhäusern Raum finden – zu einer Verminderung der Bettenzahl in den Berliner psychiatrischen Großkliniken wird es jedenfalls zunächst kaum kommen können. Die Erstellung von psychiatrischen Einheiten an Allgemeinkrankenhäusern kann übrigens nur dann Erfolg haben, wenn diese Einheiten zur Vollversorgung eines geographischen Einzugsgebietes absolut verpflichtet werden. Ist dies nicht der Fall, so wird eine Auswahl erfolgen, durch die längerfristig und schwerer kranke psychiatrische Patienten der psychiatrischen Großklinik zugeschoben werden, während die psychiatrisch tätigen Ärzte durch die neuen moderneren psychiatrischen Einheiten angezogen werden. Das Resultat ist eine „Zweiklassenpsychiatrie" mit der Gefahr, daß die psychiatrisch schwer Kranken empfindlich unterversorgt werden. Solche Erfahrungen habe ich selbst in den Vereinigten Staaten in der Konkurrenz zwischen Community Mental Health Center und Mental State Hospital über viele Jahre sammeln müssen.

Es ist außerdem zu fragen, ob kleinere psychiatrische Einheiten von 400 oder sogar von 200 Betten wirklich in der Lage sein werden, das volle Spektrum psychiatrischer Behandlungsmöglichkeiten zur Verfügung zu stellen. Selbst in einer Einheit von 400 Betten wird es z.B. unmöglich sein, eine volle Behandlungskette von Beschäftigung über Beschäftigungstherapie, kreativer Therapie, Arbeitstherapie, beschäftigender Arbeit, produktiver Arbeit bis zum Nachtkliniksystem arbeitender Patienten mit ausführenden Maßnahmen darzustellen. Ein solches System ist nach neueren Erkenntnissen aber für die Rückführung mittel- bis langfristiger Patienten in einen immer komplizierter werdenden Arbeitsprozeß unerläßlich.

Die andere Möglichkeit, im Rahmen des „Skandinavischen Systems" ein neu zu errichtendes Allgemeinkrankenhaus an eine bestehende psychiatrische Großklinik anzubauen und ihr dadurch moderne medizinische Möglichkeiten zu geben und den Nimbus der „Irrenanstalt" zu nehmen, ist leider in Berlin derzeit ebenfalls nicht gegeben. Vielmehr wird unsere Klinik in absehbarer Zeit weiterhin isoliert bleiben und ihre Bettenzahl kaum verringern können.

Unserer Überzeugung nach sollte sich die moderne psychiatrische Großklinik darauf konzentrieren, Therapiemöglichkeiten zu entwickeln, die in kleineren psychiatrischen Einheiten nicht oder nur unzureichend bereitgestellt werden können. Dazu gehören insbesondere rehabilitative Einrichtungen mit gemeindeähnlicher Struktur, eine ausreichende Beschäftigungs-/Arbeitstherapie-Kette und Lehr- und Förderungseinrichtungen für Schwachsinnige und anderweitig psychisch Behinderte.

In der Entwicklung solcher Einrichtungen stehen wir in Deutschland noch am Anfang. Große psychiatrische Kliniken, die Aufgaben dieser Art erfüllen, müssen einer Reihe von Grundforderungen genügen können:

1. Es muß eine exakte allgemeinmedizinische Untersuchung, genaue psychiatrische Diagnostik und sofortige medizinische und psychiatrische Therapie im Rahmen einer gut ausgestatteten modernen Aufnahmeeinrichtung gewährleistet sein.
2. Es muß gewährleistet sein, daß der Patient so früh wie irgend möglich, und auf jeden Fall ohne die Möglichkeit der Gewöhnung an den Klinikaufenthalt als Dauerzustand, in die Gemeinde zurückkehren kann.
3. Es muß in den Aufnahmestationen ein Sonderungsinstrument zur Verfügung stehen, das es den Ärzten erlaubt, den einzelnen Patienten der für ihn adäquaten Therapieeinrichtung innerhalb der Klinik so rasch wie möglich zuzuführen. Stellt sich heraus, daß ein gegebener Patient in der Klinik wird bleiben müssen, so sollte er zur Entlastung und damit Effizienzsteigerung der Intensivtherapie einer mittelfristigen bis langfristigen Einrichtung innerhalb oder außerhalb der Klinik zugeführt werden. Ist eine Rückkehr in die Gemeinde erst nach längerer psychiatrischer Therapie zu erwarten, so sollte dieser Patient dem Teil der Großklinik zugeordnet werden, in dem er ein Maximum an gemeindenaher Behandlung erfährt, so daß das frühe Auftreten von psychiatrischem Hospitalismus vermieden werden kann.
4. Es müssen in einer neuropsychiatrischen Großklinik ausreichende Spezialeinrich-

tungen internistischer, gynäkologischer und anderer fachärztlicher Art zur Verfügung stehen, um für die psychiatrischen Patienten das Allgemeinkrankenhaus des Skandinavischen Modells soweit wie möglich zu ersetzen.

Von der „Anstalt" zur Nervenklinik

Die einstige Irrenanstalt Dallendorf hat, dem Bild, welches sie in der Öffentlichkeit besaß, ausweichend, mehrfach den Namen gewechselt: Wittenauer Heilstätten, Karl-Bonhoeffer-Heilstätten und schließlich Karl-Bonhoeffer-Nervenklinik. Das war wenigstens z. T. „Kosmetik". Daneben aber hat sich, erst unmerklich, dann aber auch sichtbar, eine schrittweise Veränderung der Organisation und der Bausubstanz angebahnt. Im folgenden können nur einige Züge dieser Veränderung wiedergegeben werden, die uns typisch auch für andere Häuser dieser Art erscheinen.

A. Umbau alter Gebäude

Seit 1962 besteht eine Planung für den Umbau aller großen aus der Gründerzeit stammenden Patientengebäude. Seit diesem Jahr sind 6 von 12 Gebäuden innerlich so erneuert worden, daß sie, soweit das möglich ist, modernen Anforderungen für manche psychiatrische Patienten entsprechen: Kleine Zimmer mit Schrank und Nachttisch für jeden Patienten, Waschbecken in den Zimmern, wohnliche Aufenthaltsräume, Naßzellen, Türöffnungen in den um das Haus herumliegenden Garten. Bei dem letzten dieser Umbauten unserer Klinik erwies sich das Fundament als schwächer als angenommen, die Kosten stiegen beträchtlich, so daß sie nahezu die Kosten für einen Neubau erreichten. Auf der Grundlage dieser Erkenntnis sind die Behörden nun ernstlich bereit, für die restlichen Gebäude Neubau statt Umbau zu erwägen. Ein siebentes Haus jedoch, bereits in der Planung festgelegt, wird noch umgebaut werden.
In Abbildung 1 (S. 74) ist der augenblickliche Zustand der Karl-Bonhoeffer-Nervenklinik wiedergegeben, während Abbildung 2 (S. 75) ihren Zustand nach der geplanten Erneuerung zeigt.

B. Langzeitplanung

Auf der Basis dieser Erkenntnis wurde in den letzten beiden Jahren eine Langzeitplanung entwickelt, die von einer Einteilungs-Neuorientierung der Gesamtklinik ausgeht, die die unausweichlichen baulichen Realitäten mit berücksichtigt. Danach soll die Klinik aus folgenden Hauptteilen bestehen: Ein neu erstelltes modernes *Diagnostikum* (D, Abb. 2), das im Juni 1974 eröffnet wurde, wird mit Hilfe von Passagen mit zwei der großen Gebäude (1 und 2) nach deren innerlicher Erneuerung verbunden, um eine medizinisch-psychiatrische Aufnahmeklinik mit einer Gesamtkapazität von 230 Betten zu schaffen (s. Abb. 2). Hier werden alle Patienten aufgenommen und nach kurzer Beobachtungszeit in eine der fortsetzenden Therapieeinrichtungen weiterverlegt. Dazu gehören ein *„Krankenhaus-Bereich"* (Gebäude 7, 9, 3), in dem langfristige Pflegefälle untergebracht werden, ein *„Gerontopsychiatriezentrum"* (Gebäude GPZ), das zur Klinik gehörende *„feste Haus"* (Gebäude 5), das sich in Umwandlung zu einer *Resozialisierungsklinik* (Sozialpsychiatrische Anstalt) befinden wird, die *neurologische Station* (Gebäude 6) und als wichtigster, wenn auch nicht größter Anteil eine psychiatrische Therapieeinrichtung, die wir *„intramurales Gemeindemodell"* (Gebäude I bis V) nennen.
Die Realisierung dieser organisatorischen Neuordnung wird wohl 10 bis 12 Jahre in Anspruch nehmen. Um diesen in fiskalischen Zeitmaßen ablaufenden Veränderungen vorauszueilen, werden die folgenden 3 Maßnahmen mit allen verfügbaren Mitteln vorgezogen.

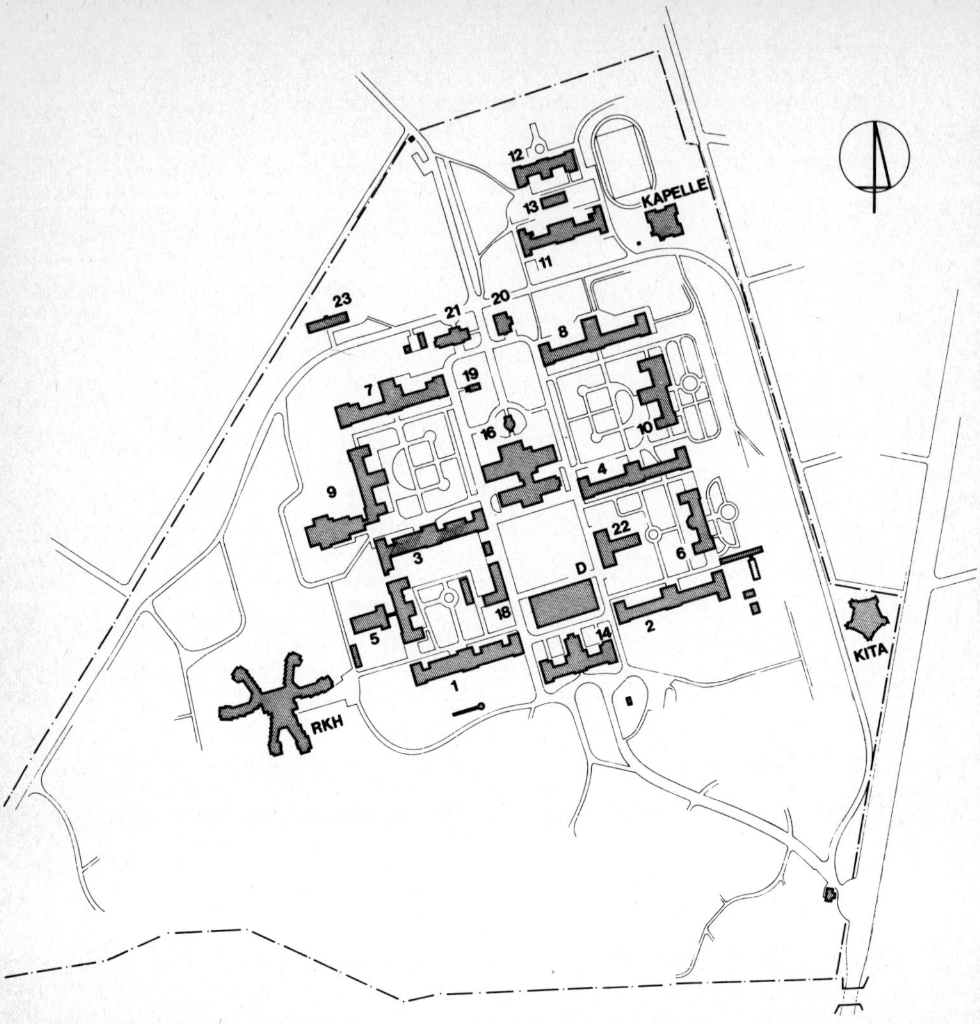

1–12 Bettenhäuser
13 Turnhalle
14 Verwaltung
16 Wirtschaftsbereich, Küche, Heizwerk
18 Werkstätten
19 Teestube
20 Beamtenwohnhaus
21 Pathologie
22 Wäscherei
23 Isolierstation
D Diagnostikum
KITA Kindertagesstätte
RKH Rudolf Klaue-Haus

Abb. 1 Karl-Bonhoeffer-Nervenklinik im augenblicklichen Zustand

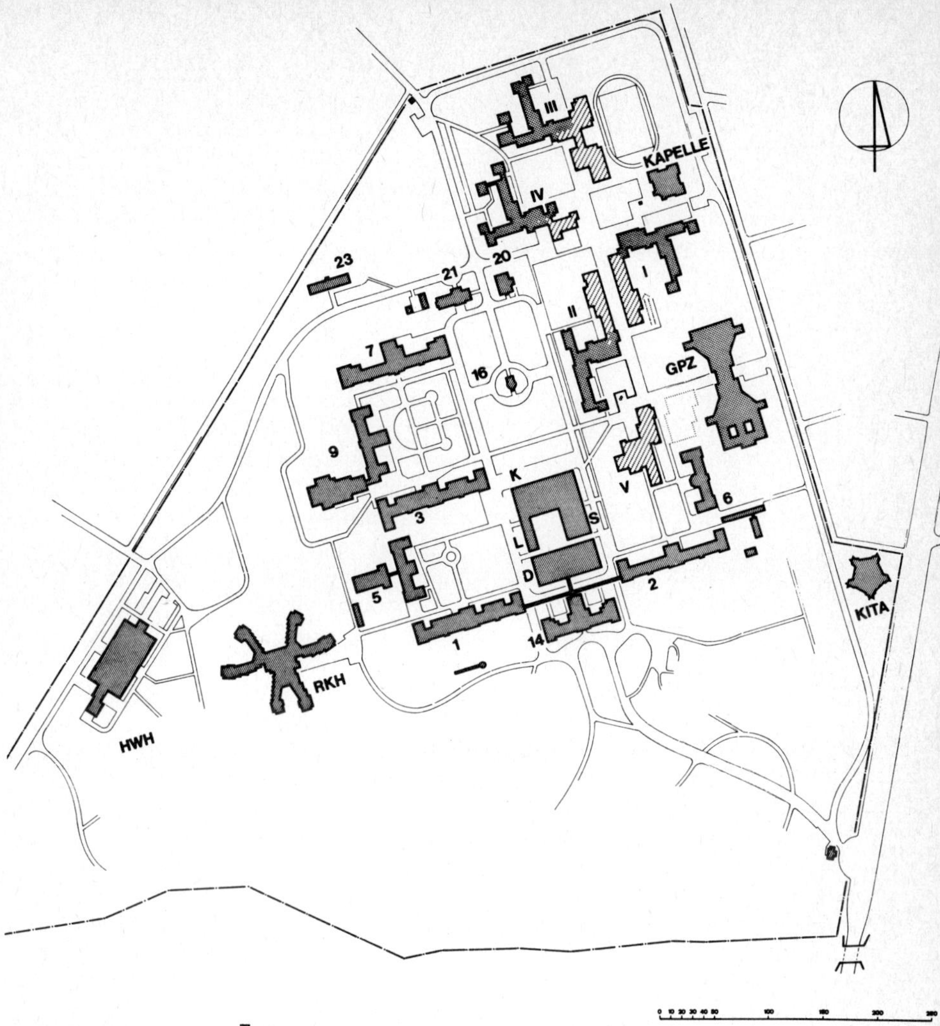

I	Bettenhäuser	Gemeindemodell	K	Küche
II	besonderer		L	Läden
III	Prägung mit		S	Säle
IV	zugeordneten		HWH	Handwerkerhaus
V	Therapieeinrichtungen			BT Schule
1		Aufnahme	14	Verwaltung
2			16	Betriebstechn. Büro
D	Diagnostikum		20	Beamtenwohnhaus
3		Psychiatrisches Krankenhaus	21	Pathologie
7			23	Isolierstation
9			KITA	Kindertagesstätte
5	Forensik	Sonderdienste	(dunkel)	Pflegebereich
6	Neurologie		(schraffiert)	Therapiebereich
RKH	Rudolf Klaue-Haus			
GPZ	Geronto-Psychiatrie-Zentrum			

Abb. 2 Karl-Bonhoeffer-Nervenklinik nach geplanter Erneuerung

C. Arzt/Patienten-Schlüssel

Wir haben zunächst das Schwergewicht unserer Bemühungen auf eine Verbesserung der ärztlichen Versorgung gelegt. Vor zwei Jahren hatten wir einen Schlüssel von 35 Patienten pro Arzt, seit dem 1. Januar 1974 versorgt bei Besetzung aller Stellen ein Arzt 27 Patienten. Das schließt allerdings alle, auch die dirigierenden Ärzte ein. Wir sind uns bewußt, daß dieses Verhältnis im Vergleich zu anderen deutschen Kliniken günstig ist, sind aber gleichzeitig der Überzeugung, daß wir uns von „völlig unzureichend" nur zum „eben tragbar" emporentwickelt haben. Wegen der begrenzten Zahl von zur Verfügung stehenden Ärzten bleibt die Füllung dieser Positionen weiterhin ein Kunststück.

D. Medizinische Versorgung

Unser nächstes Augenmerk hat sich auf die Verbesserung der medizinischen Versorgung unserer Patienten gerichtet. Die Eröffnung unseres neuen Diagnostikums mit modernsten Einrichtungen für Röntgenologie und Nuklearmedizin, für das klinische Laboratorium, die Balneotherapie usw. hat, nach langer Dürreperiode, eine gute Basis dafür geschaffen. Wir besitzen je eine gut funktionierende Station für internistisch und neurologisch Kranke und einen internen neurologischen Konsiliararzt für die psychiatrischen Patienten auf allen Stationen. Ein Internist mit gleicher Funktion wird zur Zeit gesucht. Dazu besitzen wir Räume für Konsiliarärzte in Gynäkologie, Augenheilkunde, Hals-Nasen-Ohrenkrankheiten, den Zahnarzt usw. Alle diese Einrichtungen stehen dem Aufnahmedienst nahe. In etwa zwei Jahren wird der neue Aufnahmetrakt (Gebäude 1, 2, D, Abb. 2) eröffnungsfertig sein.
Ein klinikeigener Chemiker, Physiker und Fachleute für Elektrophysiologie stehen zur Verfügung. Erst diese neuen Mittel haben uns bewußt werden lassen, wie viele medizinische Probleme in einer scheinbar gut versorgten psychiatrischen Krankenhausbevölkerung schlummern und warten, entdeckt und behandelt zu werden. Dazu addieren sich zahlreiche aus der Überalterung der Bevölkerung und dem Anstieg von Alkoholismus und Drogenkonsum resultierende Probleme. Durch Fort- und Weiterbildung wird in unserem Hause versucht, eine „medizinische Atmosphäre" zu schaffen, ohne dabei jedoch die eigentliche psychiatrische Aufgabe des Hauses aus den Augen zu verlieren oder sie etwa in den zweiten Rang zu degradieren.

E. Ausweichhäuser

Alle Umwandlungen in einer psychiatrischen Großklinik müssen gewöhnlich unter Fortführung der Therapie und unter Erhaltung der Bettenkapazität erfolgen. Es war dabei nötig, im Jahre 1965 mit dem Bau eines ersten Bettenhauses für 210 Patienten zu beginnen (Gebäude RKH, Abb. 2). Nach Konzepten des Architekten G. HÄNSKA, Berlin (Abb. 3), stoßen drei V-förmige Stationen mit ihren unteren Polen sternförmig im Zentrum zusammen. In diesem Zentrum liegen die Versorgungseinrichtungen und im Scheitelpunkt des V liegt ein gläserner Beobachtungsraum, der einen Überblick über die gesamte Station ermöglicht (Abb. 4). Das Gebäude ist anheimelnd und etwas verwinkelt gebaut, so daß es sich ausgezeichnet für beide, akute sowie langfristige Therapie mit intensiver medizinischer Versorgung eignet.
Die Bettenkapazität dieses Hauses ist nach einigen Jahren dadurch aufgezehrt worden, daß in den innerlich umgebauten alten Gebäuden (1, 5, 3, 9, 7 in Abb. 1) durch Unterteilung der Räume Betten bei der Wiedereröffnung in Wegfall kamen.

Abb. 3

Abb. 4

Aus diesem Grunde ist ein zweites Bettenhaus vorgesehen. Es soll eine Kapazität von 350 Betten haben und wird nur während der Zeit der Neugestaltung als Ausweichhaus dienen, wird aber seine letzte Bestimmung als Gerontopsychiatriezentrum finden. Es ist daher so geplant, daß es der Pflege geriatrischer Patienten mit psychiatrischen Problemen besonders entgegenkommt. Das Prinzip der Sicht-Überwachung von einer Glaskanzel aus ist von dem ersten Bettenhaus übertragen worden. Das Gebäude ist durch einen über 3 Geschosse gehenden Innenhof, für wintergartenartige Bepflanzung völlig unter Glas, zweigeteilt. Eine Stufung der Abteilungen ermöglicht in allen Etagen einen ausreichenden lokalen Auslauf in frischer Luft. Diesem Zweck dienen auch rampenähnliche Gebilde, die es dem alten Menschen erlauben, lange Spaziergänge zu tätigen, ohne sich weit von der heimatlichen Station zu entfernen. Innenhöfe erlauben es, einige Tiere in der Nähe der alten Menschen anzusiedeln. In den unteren Stockwerken befinden sich ein Laden, eine Kegelbahn, Billardtische, eine Bibliothek, Sozialräume, Beschäftigungstherapieräume usw.

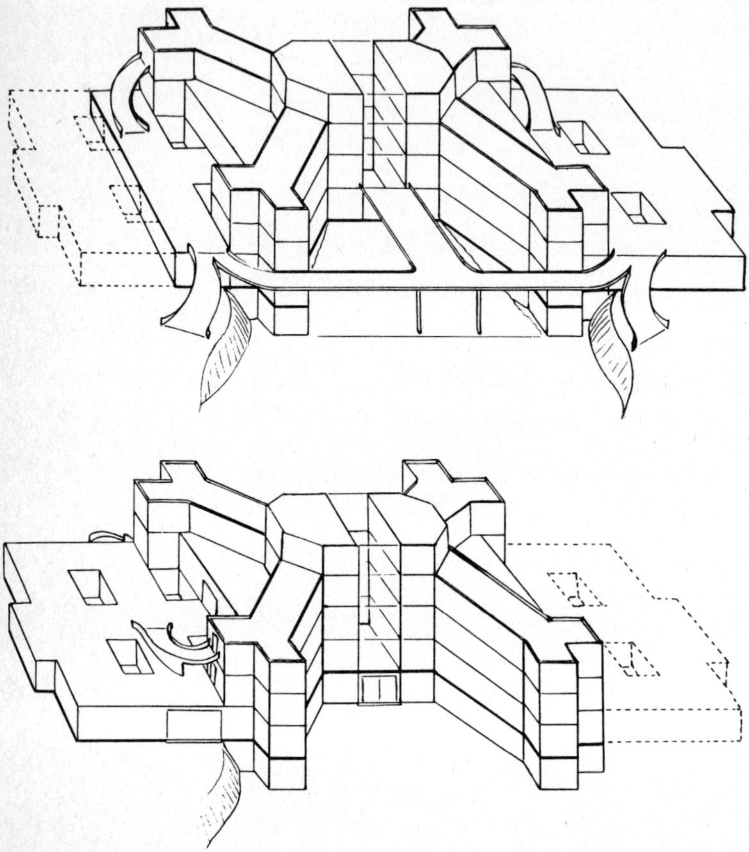

Vorderseite

Rückseite

Abb. 5 Geronto-Psychiatrie-Zentrum für die Karl-Bonhoeffer-Nervenklinik, Berlin (Jan. 1973)

F. Intramurales Gemeindemodell

Diese Therapieeinrichtung nennen wir auch „Dorfmodell", und zwar einerseits in Anlehnung an den Dorfbegriff, der in der Wortbildung „Olympisches Dorf" angesprochen ist. Andererseits möchten wir mit dem Begriff Modell ausdrücken, daß wir darin ein Modell für das Leben außerhalb der Klinik in der Gemeinde erblicken; nicht gemeint ist dagegen, daß es sich hier etwa um eine Mustereinrichtung handelt. Im Gegenteil wird Schlichtheit und Lebensnähe vorherrschen müssen! Diese Einrichtung soll folgendem Zweck dienen: In der psychiatrischen Großklinik alten Stils werden die Patienten an ein Leben angepaßt, das zwar dem Bedürfnis der Großklinik selbst entspricht, das aber, wenn der Patient die Klinik nach Abschluß der Behandlung verläßt, mit den Realitäten in der Gemeinde nicht in Einklang steht. Beim Verlassen der Klinik findet der Patient vielmehr eine völlig andere Umgebung vor. Die daraus entstehende Spannung steigert die Schwierigkeiten, die aus der Rückkehr zur Familie, zum Arbeitsplatz oder auch zur Arbeitslosigkeit, zur Alkoholgefährdung usw. ohnehin schon bestehen. Unserer Überzeugung nach ist diese doppelte Belastung neben mangelnder Nachsorge eine der wichtigsten Ursachen für die Wiederaufnahme vieler Patienten und damit für die berüchtigte „Drehtür-Psychiatrie" unserer Tage. Es ist daher anzustreben, daß der Patient innerhalb der Klinik mit ihren Führungsmöglichkeiten an ein Leben angepaßt wird, das so gemeindenah wie möglich ist. Das zur Verfügungstellen eines „Sozialzentrums" in einer Klinik reicht dazu zweifellos nicht aus.

Die Prinzipien des intramuralen Gemeindemodells können hier nur kurz zusammengestellt werden:

Jeder Patient, der diese Belastung auch nur im entferntesten auszuhalten verspricht, sollte, wenn auch unter gleichzeitiger enger Überwachung und eingehender Therapie, sehr frühzeitig mit den Realitäten des Lebens konfrontiert werden, um in Kontakt mit einem normalen Gemeindeleben zu verbleiben. Dazu gehören auch die Übernahme von Arbeit, die Übernahme von Fürsorge für ein Aufgabengebiet, nach Bewältigung dieser Aufgabe die Übernahme der Verantwortung für einen anderen Menschen und letzten Endes die Übernahme der Eigenverantwortung.

Für den Patienten soll, wenn irgend möglich, nicht durch andere gesorgt werden, sondern es soll garantiert werden, daß ihm die Mittel zur Verfügung gestellt werden, daß er für sich selbst sorgen kann. Die Tätigkeit des Pflegepersonals richtet sich in diesem Sektor im wesentlichen auf Kontrollen. Diese müssen aber so unauffällig und so selbstverständlich wie möglich erfolgen.

Die Therapie wird, wo nötig auf der vorbereitenden Psychopharmakotherapie aufbauend, alle psychiatrischen Methoden einschließen, die Förderung der Patienten in der gegebenen besonderen Situation ermöglichen: Vom therapeutischen psychiatrischen und psychotherapeutischen Gespräch bis hin zur Gruppentherapie verschiedener Prägung, selbst Psychodrama etc. Man wird es sich nicht leisten können, nur ein Konzept zu verwirklichen, sondern wird die Wahl der Maßnahmen der Vielfalt der Patienten und ihrer Probleme anpassen müssen.

Das Leben im intramuralen Therapiemodell soll dem Leben in der Gemeinschaft auch sozial so weitgehend wie möglich angepaßt werden. Dabei ist es nicht wünschenswert und auch nicht möglich, eine volle „therapeutische Gemeinschaft" in allen Phasen und für alle Patienten zu ermöglichen. Ferner ist vorzusehen, daß der Patient auch aus dieser therapeutischen Gemeinschaft zu entlassen ist, bevor er wieder in die Gemeinde zurückkehrt. Alles, was dem psychiatrischen Hospitalismus entgegenwirkt, wird zu unternehmen sein.

An die Wohngebäude der Patienten werden dadurch besondere bauliche und funktionelle Anforderungen gestellt. Im Rahmen unserer Langzeitplanung in Zusammenarbeit mit dem Architekten F. SNIGULA, Berlin, ist von uns ein Haustyp entwickelt worden, der durch innere Flexibilität einer größeren Zahl wechselnder Forderungen angepaßt sein kann: Von einer zentralen Einheit (B-Einheit) mit allen Möglichkeiten einer modernen psychiatrischen Station von 35 Betten kann eine geringere Anzahl von Patienten in abhängigen Wohneinheiten entweder voll versorgt oder bis zu weitgehender Selbstversorgung verselbständigt werden. Die abhängigen Wohneinheiten haben entweder „Bungalow"-Stil (A-Einheiten) mit je 6 Betten in einer Wohngemeinschaft, jedoch relativ geringer Gesamtkapazität oder „Mietshaus"-Charakter (C-Einheiten)

mit je 2 normalen 4-Zimmer-Wohnungen für je 4 Patienten auf jeder Etage, mit eigenem Treppenhaus, das jedoch überwacht werden kann, in 3 oder 4 Etagen. Ein neuangekommener Patient wird von Mitpatienten empfangen und eingeführt, jedoch zunächst psychiatrisch in der B-Einheit voll versorgt, um dann mit fortschreitender Therapie nach Möglichkeit Verantwortung zu übernehmen, Selbständigkeit zu gewinnen und je nach seiner häuslichen Situation und seinen sozialtherapeutischen Bedürfnissen in A- oder C-Einheiten untergebracht zu werden, von dort evtl. auch nach außerhalb zur Arbeit zu gehen (Nacht-Klinik) und schließlich aus intramural bereits erfolgter sozialer Readaptation wieder entlassen zu werden.
Überall im Areal des „Dorfes" sollen soziale Kontaktmöglichkeiten geschaffen werden und Akzente sozialer Berührung gesetzt werden. Dem dient vornehmlich eine „Fußgängerstraße" (zwischen I und II, Abb. 2) mit einer Verkaufsboutique für selbsterzeugte Produkte, die dazu nötigen beschäftigungstherapeutischen Kleinwerkstätten, aber auch kleine Handwerksbetriebe, die Druckerei der Patientenzeitung usw. Die Fußgänger-Passage verbindet zwei Plätze miteinander. Der nördlich gelegene zwischen Gebäude II und IV (Abb. 2) ist Treffpunkt für aktivere und sonntägliche Tätigkeiten, mit dafür vorgesehener Turnhalle und Schwimmbad (am Gebäude III, Therapiebereich), Sportplatz, unserer modernen Kirche, die dankenswerterweise von den Konfessionen in gemeinsamer Arbeit auf unserem Gelände errichtet worden ist, ein Kino- und Theatersaal (am Gebäude IV, Therapiebereich). Der südliche Platz, eingeschlossen von den Gebäuden II und V, hat besinnlicheren Charakter. Hier befinden sich später ein von Patienten betriebenes Café, Musiktherapie-Räume, ein Lesesaal und Klassenräume (alle Gebäude V) und ein kleiner Zoo, ein „Rosengarten", ein Minigolf, eine Freiluft-Kegelbahn vor dem Gerontopsychiatrie-Zentrum, das hier die Teilnahme älterer Patienten am Gemeindeleben ermöglicht. Vom nördlichen Platz soll ein Trimm-dich-Pfad, vom südlichen ein Kunstbetrachtungspfad und ein Naturpfad ins Parkgelände im Süden unseres Geländes führen.
Manche Stationen dieser Häuser werden während der Arbeitszeit keine Patienten enthalten. Sie werden in andere Teile der Klinik delegiert „zur Arbeit gehen". Dazu bietet sich zunächst ein neues Handwerkerhaus (HWH, Abb. 2) an, das, beginnend mit dem Jahr 1976, auf unserem Gelände erstellt wird. Dieses Haus besitzt 50 Arbeitsplätze für Patienten in den Werkstätten der Klinik und einen Fertigungssaal mit 30 Arbeitsplätzen. Dies ist sozusagen die „Fabrik", zu der man zur Arbeit geht. Andere Patienten wieder gehen in das „Krankenhausareal", um dort in den Häusern zu helfen, und zwar auch, um menschliche Hilfe anderen Mitpatienten zu geben, wenn das für alle Beteiligten möglich und sicher erscheint.
Einrichtungen für die Freizeit sollen zur Verfügung stehen. Dazu gehören nicht nur das Café und das Kino sowie die Sporteinrichtungen, sondern auch der Naturpfad, der durch das umfangreiche Waldgelände um unsere Klinik hindurchführt und Interesse an der Natur wecken soll, und der Kunstpfad, auf dem in ähnlicher Weise durch Skulptur-Beispiele der Stil-Epochen, anhand einer Broschüre, geführt werden soll, das Minigolf und wohl auch der so wichtige Friseur.
Viele Einrichtungen sind nötig, um ein solches therapeutisches Modell in Gang zu bringen und in Gang zu halten. Vor allem aber wird es der Hingabe des dort arbeitenden Personals bedürfen, um diesen Vorstellungen Leben einzuhauchen. Es wird angestrebt, in Personalwohnungen der Patientenhäuser je ein „Hauselternpaar" anzusiedeln.
Der Lebens- und Wohnstil darf nun aber die Patienten nicht dazu verlocken, in der Klinik bleiben zu wollen. Auch dieser Form des Hospitalismus muß dadurch vorge-

beugt werden, daß die Gebäude und Räume schlicht und zweckmäßig gehalten bleiben und die Therapie sich auf Entlassung aus der Klinik konzentriert.

G. Übrige Veränderungen

Eine neue Küche, zusammenhängend mit einem neuen Fest- und Eßsaal im Cafeteria-Stil, ist ab 1975 im Bau. Das neue Handwerkerhaus wird im Verbund mit einer neuen Schule für Beschäftigungstherapie errichtet. Bis zur Erstellung des Gemeindemodells dient das alte Röntgenhaus als Café, ein auf unserem Gelände aufgestellter Berliner Untergrundbahnwagen als Zeitschriftensaal, und ein daneben aufgestelltes Minigolf rundet das vorläufige Sozialzentrum als „Treffpunkt" ab. Vom kommenden Sommer an werden wir die Funktionen eines akademischen Lehrkrankenkauses übernehmen müssen und werden dann zusätzlich vor der Frage stehen, auf welche Weise ein poliklinischer Betrieb zusammen mit den Lehraufgaben zu realisieren sein wird.

Das Schicksal des psychiatrischen Landeskrankenhauses

Es dürfte aus dem, was wir dargestellt haben, deutlich genug hervorgehen, daß wir nicht davon überzeugt sind, daß das Schicksal des psychiatrischen Großkrankenhauses besiegelt ist. Wer praktische Großklinikerfahrung hat, weiß, daß diese Häuser ein großes Potential haben, das allerdings oft unzureichend ausgeschöpft ist. Die Entwicklung selbst in den USA hat gezeigt, daß Joshua BIERER in seinen Ideen von der Auflösung des PLK nicht recht behält; Kalifornien sah sich gezwungen, schon geschlossene Häuser wieder zu eröffnen. Jeder, der hier arbeitet, weiß aber auch, daß eine erhebliche Anpassung des existierenden Systems an zukünftige Aufgaben nicht nur erforderlich ist, sondern auch ein wertvolles Instrument liefern kann, um die therapeutischen Möglichkeiten in kleineren psychiatrischen Einheiten, die Allgemeinkrankenhäusern angegliedert sind oder Selbständigkeit besitzen, zu ergänzen. Wir sind davon überzeugt, daß es gilt, neue Aufgaben für das PLK zu finden und diese zur Bereicherung des psychiatrischen, therapeutischen Instrumentariums zu entwikkeln und zu perfektionieren. Wir glauben ferner, daß dies auch durchführbar ist, und zwar mit in einem vernünftigen Rahmen bleibenden Geldmitteln und einer darstellbaren Zahl von Angestellten. Es wird dies allerdings nur dann möglich sein, wenn die gefährliche Entwicklung einer Zweiklassenpsychiatrie, wie sie oben angedeutet wurde und wie sie leicht zwischen kleinen psychiatrischen Einheiten, die ein geographisches Gebiet nicht voll versorgen müssen, und dem PLK entstehen, sorgfältig vermieden wird. Meine eigene Erfahrung mit dem amerikanischen Community Mental Health Center System hat mich dahingehend belehrt, daß auch diese Einrichtungen, selbst bei bester Ausstattung, nicht alle therapeutischen Möglichkeiten bieten können und daß sie ferner sehr häufig zu einer Trennung zwischen einer „erstklassigen" und einer „chronischen" Psychiatrie führen. Das Hineintragen von solchen Einrichtungen in die Gemeinde führt außerdem zum Auftauchen zuvor unterschwelliger psychiatrischer Probleme.

Die Überlegenheit eines intramuralen Gemeindemodells liegt auf einigen wenigen Gebieten: In der Werktherapie größeren Stils, in der Schwachsinnigenschulung, in der besonders in Deutschland ein großer Nachholbedarf besteht, in dem Einsatz von Sport und sozialer Begegnung mancher anderen Art für die Therapie und gegen die Entwicklung des psychiatrischen Hospitalismus und zahlreicher anderer rehabilitativer Maßnahmen, die einen großen Apparat erfordern. Die graduierte Ausführung, die durchaus Teil des Gemeindemodells ist, ist viel leichter von einer großen Einrichtung zu tragen. Letzten Endes aber muß eine Einrichtung wie das Gemeindemodell,

das hier beschrieben wurde, mit den kleineren selbständigen und zu solchen therapeutischen Maßnahmen nicht befähigten psychiatrischen Institutionen aufs engste zusammenarbeiten. Andererseits ist ein solches Gemeindemodell nicht selbständig lebensfähig, sondern braucht die Basis, die geschützten Arbeitsmöglichkeiten, das Patienten-Reservoir und vieles mehr der großen neuropsychiatrischen Klinik.
Deutschland besitzt ein System von psychiatrischen Landeskrankenhäusern, das sich durchaus mit dem anderer Länder vergleichen kann. Es ist andere Wege gegangen als z. B. das System in den skandinavischen Ländern oder das in England. Es ist aber in seiner allgemeinen Ausgangsqualität zweifellos den Systemen in vielen Ländern, darunter auch den USA, überlegen. Der Kosten- und Menschenaufwand, den das skandinavische psychiatrische System sich erlaubt hat, wird in Deutschland nicht zu duplizieren möglich sein. Es wird darauf ankommen, in Deutschland einen „goldenen Mittelkurs" zu finden, der mit vernünftigen und durchführbaren Lösungen neue Wege aufzeigt, wie man die Therapie im psychiatrischen Großkrankenhaus lebensnäher gestalten kann.
Der hier geschilderte Plan ist derzeit in seiner endgültigen Formulierung. Viele Änderungen in unserer Klinik stellen sich bereits auf diesen Plan ein. Ein großer Teil der Maßnahmen ist bereits beschlossene Sache, viele Bausteine des neuen Systems sind bereits vorhanden. Die Berliner Senatsstellen haben sich dieser Planung gegenüber positiv geäußert. Es bleibt zu hoffen, daß die Politiker Berlins für das letzte Ja ihre bewährte Erkenntnisfähigkeit einzusetzen willens sind.
Der Berliner Bezirksbürgermeister GRIGERS hat uns einmal gesagt: „Was uns an Ihrer Planung gefällt, ist, daß dabei die Kirche im Dorf bleibt."

Diskussion

Haase, Landeck: Herr Kroiß, Sie sagten, 400 Personen sind in Ihrer Beschäftigungstherapiezentrale - die uns ja alle sehr beeindruckt - tätig, aber Sie haben über 1000 Patienten, und 99% - sagten Sie - sind sinnvoll tätig; können Sie das ein bißchen präzisieren, was die anderen machen, die also nicht in der Zentrale sind?

Kroiß, Gabersee: Zu diesem Prozentsatz kommen wir regelmäßig. Ich lasse mir an den von mir selbst festgelegten Stichtagen statistisch berichten, wieviel Patienten an diesen Tagen tatsächlich in Beschäftigungs- bzw. Arbeitstherapie standen. Die Zentraleinrichtung ist erstellt für 400 Patienten. Natürlich ist es selbstverständlich, daß nicht *alle* unsere Patienten hier in dieser Einrichtung beschäftigungs- oder arbeitstherapeutisch tätig sein können. Ich sagte schon, wir haben auch noch eine Beschäftigungstherapie-Einrichtung für 42 b-Kranke. Wenn wir auch versuchen, den größten Teil in der Zentrale zu beschäftigen, so gibt es aber doch noch eine größere Zahl von Kranken, die nach §42b oder nach dem Verwahrungsgesetz untergebracht sind, bei denen die Sicherung im Vordergrund stehen muß, so leid es uns tut. Für diese haben wir eine eigene beschäftigungs- bzw. arbeitstherapeutische Einrichtung an die entsprechende Abteilung angegliedert. Wir haben weiterhin noch eine größere Einrichtung für Korbflechtarbeiten - die sehr ansprechend ist -, die wir aber in das große Gebäude nicht mehr integrieren wollten. Wir hätten sonst die alte Einrichtung, die wenige Jahre vorher entstanden war, abbrechen müssen, das ging nicht. Hier sind etwa 90 Patienten beschäftigt. Eine weitere größere Zahl von Kranken sind in der Parkpflege sowie in Gärtnerei und Gewächshaus tätig, das tun sie sehr gerne. Viele Patienten haben wir auch in den Wirtschafts- und Versorgungsbetrieben beschäftigt - ich weiß, das ist eine etwas umstrittene Angelegenheit -, aber wir haben hier doch geeignete Beschäftigungsmöglichkeiten und entlohnen die Patienten auch entsprechend. Vor allem im Bereich der Schwesternwohnheime und ähnlicher Einrichtungen, wo sie die Stationshilfen unterstützen. In mehreren Fällen ist es uns gelungen, daß wir die Patienten dann ins Arbeiter- oder Angestelltenverhältnis übernehmen konnten. Dann bleibt noch ein Rest von Patienten, die wegen ihres psychischen und physischen Zustandes nicht in der Zentraleinrichtung tätig werden können, vor allem Kranke von der Geriatrie. Auch hier sind wir sehr bemüht, die Patienten möglichst lange anzuregen und alles zu vermeiden, daß sie bettlägrig bleiben oder werden. Sie sind dann hier in den einzelnen Stationen z.T. als Zulieferer für die Beschäftigungstherapiezentrale tätig. Im ganzen gesehen sind etwa 90% aller Patienten in einer sinnvollen Betätigung, wenn wir die chronisch Bettlägerigen abziehen.

Wolpert, Mannheim: Herr Dr. Kroiß, Ihre Bilder waren wirklich beeindruckend und vermittelten ein Gefühl von Lebendigkeit und Fröhlichkeit; mich hätte dabei noch interessiert, was vielleicht für mein Gefühl etwas zu kurz gekommen ist, wie es den Patienten in Ihrem Haus geht auf Dauer? Vielleicht etwas ernster formuliert: Wie sieht die rehabilitative Zukunft dieser 400 Patienten aus, die in Ihrer Beschäftigungstherapie die verschiedenen Stufen durchlaufen? Gefahr besteht ja von zwei Seiten, 1. darin, daß die Patienten länger als vielleicht für sie notwendig in solch einer Einrichtung verbleiben - sie bleiben ja besonders gern in einer so schönen rehabilitativen Einrichtung -, und 2. darin, daß, wenn sich Patienten in einer solchen Einrichtung durch besondere Fertigkeiten bewährt haben, es einem vielleicht schwer fällt, sie im rechten Augenblick zu entlassen und wieder ins Leben zurückzuführen. Also meine Frage zielt auf die, sagen wir, Evaluation des rehabilitativen Effektes ab.

Kroiß, Gabersee: Wir haben einen sehr großen Krankendurchgang an unserem Hause, im Jahr etwa 2500. Ein sehr großer Teil von diesen 400 Patienten, die vor allem im engeren Bereich der Beschäftigungstherapiezentrale tätig sind, kommen ja sehr rasch zur Entlassung. Wir haben sehr große Platznot und sind so gezwungen, die Patienten ehestmöglich zu entlassen. Wir haben auch die Einstellung, daß wir die Patienten, selbst wenn sie im akuten Zustand zur Aufnahme kommen, ehestmöglich von der Aufnahmeklinik in die Beschäftigungstherapie eingliedern. Nach unserer Statistik kommen innerhalb von einem Vierteljahr über 70% zur Entlassung. Die zweite Gruppe ist die, die in unseren Betriebswerkstätten tätig ist, und die werden Sie wohl im besonderen im Auge gehabt haben bei Ihrer Frage, ob es hier nicht doch Möglichkeiten geben könnte, daß ein Patient, der längerfristig der Behandlung zugeführt werden muß, vielleicht in der Buchdruckerei oder in der Schreinerei oder in anderen Werkstätten gerne etwas länger gehalten wird, weil man ihn „braucht". Nun, da haben wir gewiß gelegentlich etwas Schwierigkeiten mit unseren Handwerksmeistern, wenn sie sagen, ja, der Mann ist so gut und jetzt geht er wieder weg und jetzt müssen wir mit einem anderen Patienten wieder von vorne anfangen. Es ist auch tatsächlich so, daß dann manchmal der Betriebsablauf gestört wird, weil jetzt der und jener „eingearbeitete" Patient plötzlich wieder zur Entlassung kommt. Aber es ist doch eine Selbstverständlichkeit, daß man Patienten, wenn sie innerhalb des Hauses rehabilitiert sind, sofort zur Entlassung bringt. Wir haben nun auch eine Satellitenkette von Übergangsheimen in Planung und werden im Oktober über die erste Einrichtung verfügen. Sie sollen in unseren nächsten Ballungsräumen, wie Rosenheim, etwa 20 km von unserem Haus entfernt, Traunstein, etwa 35 km, und in Mühldorf entstehen. Nach Inbetriebnahme dieser Übergangseinrichtungen werden wir dann die Patienten, die intramural rehabilitiert und resozialisiert sind, dorthin geben. Unser Sozialdienst, der bereits mit den einschlägigen Behörden und Firmen im Gespräch ist, wird die Patienten in beschützende Werkstätten vermitteln. Je nachdem, welche Grundkenntnisse sie sich bei uns als Langzeitfälle im Rahmen der Arbeitstherapie in unseren Betriebswerkstätten erworben haben, können sie dann in geeigneten Sparten eingesetzt werden.

Lechleitner, Eickelborn: Wir haben das Problem mit dem Sporttherapeuten so gelöst, daß wir interessierte Pfleger gewonnen haben, die den Übungsschein A gemacht haben und Übungsleiter sind - auf der Frauenseite sind wir in ähnlicher Weise verfahren -, die also mit unseren Patienten seit etwa 2 Jahren jetzt intensiv Sport treiben. Und wir haben auch das erste Sportfest im vergangenen Jahr gefeiert, die Gemeinde war eingeladen und war erstaunt über den Eifer und die Bereitschaft der Patienten, und der Bürgermeister erklärte, so etwas bringen wir in der Gemeinde nicht fertig. Das zweite - auch wir haben die Beobachtung gemacht -, daß eine ganze Reihe unserer Schwachsinnigen, gerade weil wir Vollzugsanstalt sind für nach 42b Untergebrachte, auch bildungsfähig sind. Wir haben uns auch vor Jahren schon, 1966, damit geholfen, daß wir einen Jugendleiter einstellten, der die erste Lehrerprüfung gemacht hatte, und haben diese Patienten je nach ihrem Bildungsgrad eingeteilt, und die haben ganz einfach mit dem Elementarstoff begonnen - wie es auch in der Hilfsschule gebracht wird - und sind dann in weiteren Gruppen aufgestockt worden. Wir haben außerdem ortsansässige Lehrer der Hauptschule in Zusammenarbeit mit dem Schulrat verpflichten können, diesen zusätzlichen Unterricht zu geben.

Keup, Berlin: Ja, ich glaube, daß das geht, und darf Ihnen sagen, wir tun das auch, natürlich. Man kann ja nicht einfach zusehen, aber ich glaube, daß das Bitten ist. Und ich glaube, wir müssen den Fiskus davon überzeugen, daß wir aufhören müssen zu flicken. Es muß der Fiskus ran und muß ganz einfach uns die Mittel zu einer menschlichen Therapie geben, und wenn wir das offiziell sagen, was Sie jetzt uns inoffiziell gesagt haben, nämlich, daß wir es mit den Pflegekräften fertigkriegen, dann ziehen wir die Pflegekräfte, die sich um die Patienten ja kümmern sollen, von den Patienten ab, und gewinnen keine zusätzliche Kraft. Und verzeihen Sie deswegen meinen etwas vielleicht starken Druck nach solchen Kräften. Ich glaube aber, daß wir uns möglichst wenig abhandeln lassen sollen.

Lechleitner, Eickelborn: Da kann ich dazu sagen, Pflegekräfte sind aus dem Pflegerdienst ausgeschieden, haben den Status bekommen „Angestellte im beschäftigungstherapeutischen Dienst"; die gehen also nicht auf Kosten der Pfleger.

Haase, Landeck: Herr Keup, Sie sagten, die neuroleptisch behandelten Patienten hätten nicht gut tanzen können. Also da möchte ich doch - wo das mein Steckenpferd ist - die Neuroleptika verteidigen. Also gut, wenn sie schwachpotente Neuroleptika hatten, dann lasse ich mir das gefallen, aber mit stark potenten Neuroleptika - ich habe mit Patienten, die oberhalb der neuroleptischen Schwelle dosiert waren, Tennis gespielt und verloren - ich meine, dann sollten sie auch tanzen können, wenn sie optimal dosiert sind.

Häfner, Mannheim: Ich fühle mich herausgefordert, zu den Schlußsätzen von Herrn Kollegen Keup, in denen er eine Überzeugung ausgesprochen hat, ein paar Worte zu sagen. Ich teile diese Überzeugung nicht in allen Teilen, auch wenn viele von Ihnen hier die Konformität mit dem, was Herr Keup ausgedrückt hat, durch Ihren Beifall bekundet haben. Ich glaube, es gibt kein Argument, kein einziges, das auf Dauer rechtfertigt, die Versorgung psychisch Kranker anders zu organisieren, als die aller anderen Kranken in unserer Gesellschaft. Auf Dauer müssen wir zurück in die allgemeine Medizin. Das hat nicht nur damit zu tun, daß der psychisch Kranke das Recht hat, im selben Krankenhaus behandelt zu werden wie der körperlich Kranke. Das hat auch damit zu tun, daß, wenn wir ausscheiden - und wir sind zu einem Teil ausgeschieden -, aus der gegenseitigen Stimulation, die der Fortschritt der allgemeinen Medizin mit sich bringt, wir diesen Fortschritt im wissenschaftlichen Bereich, aber auch im praktischen Bereich nicht mehr in vollem Umfang vollziehen. Wir müssen uns eingestehen, daß die Entwicklung von Forschung und Therapie in unserem Fach weit zurücksteht hinter dem Stand der übrigen medizinischen Fächer. Ich halte die Emigration der Psychiatrie aus der Allgemeinen Medizin für den entscheidenden Grund.
Kalifornien ist ein Beispiel, wie man den Übergang zu einer gemeindenahen Psychiatrie nicht durchführen darf. Man kann nicht mit einem Gesetz die Aufnahme von Kranken in gemeindefernen Großkrankenhäusern verbieten und diese Krankenhäuser zugrunde gehen lassen. Das ist inhuman. Es gibt aber auch zahlreiche positive Beispiele, etwa in der kanadischen Provinz Saskatchewan oder in England, wo der Übergang von großen Krankenhäusern in psychiatrische Abteilungen an Allgemein-

krankenhäusern, die eine Region voll versorgen, wirklich gut organisiert und erfolgreich vollzogen worden ist.
Ich teile Herrn Keups Meinung insoweit, als wir uns auf keinen Fall leisten können, unsere Großkrankenhäuser verfallen zu lassen und hier inhumane Bedingungen für die Kranken zu schaffen. Wir werden auch sicher Großkrankenhäuser auf Dauer behalten müssen, aber wahrscheinlich nicht für alle Kategorien von Kranken. Das Wort von der Zweiklassenpsychiatrie ist eine schreckliche Vereinfachung, das sollten wir uns klar machen. Es ist vertretbar als Vereinfachung, wo es ein Nein gegen den Verfall, gegen inhumane Bedingungen in einem Teil unseres Krankenhauswesens ausdrücken will. Es ist aber falsch angewandt, wenn wir damit begründen wollen, daß jede Verteilung von Funktionen, jede Aufgabengliederung unterbleiben soll. Auch in der Psychiatrie wird es Spezialisierungen geben. Die ganze Problematik der Entzerrung, der Entflechtung von Krankheitsgruppen in unseren Krankenhäusern bringt bereits ein solches gegliedertes System. Wer von Ihnen epidemiologische Untersuchungen kennt, weiß, daß wir bereits jetzt - nun wende ich das simplifizierende Wort Zweiklassenpsychiatrie in einer anderen Weise an - eine solche Zweiklassenversorgung von Kranken haben. Wir haben z.B. in Mannheim festgestellt, daß von den psychiatrisch Alterskranken mit Abbauprozessen nur ein Anteil, der unter einem Viertel liegt, im psychiatrischen Großkrankenhaus versorgt wird, und zwar vorwiegend diejenigen, die einem niedrigen Sozialstatus angehören und selten zum niedergelassenen Nervenarzt gehen. Die anderen werden vorwiegend in internistischen Abteilungen städtischer Krankenhäuser versorgt. Sie haben raschere Entlassungschancen. Mit einem Teil der Depressionen und der Neurosen ist es nicht anders. Diese Dinge müssen wir in alle Planungsvorstellungen einbeziehen. Ich würde Sie sehr bitten, die Problematik differenzierter zu beurteilen, als sie mit dem Schlagwort „Zweiklassenpsychiatrie" oft formuliert wird.

Schriftliche Fortsetzung der Diskussion zur Zielplanung der Psychiatrie und zur Vermeidung einer Zweiklassenpsychiatrie Haase-Häfner

Lieber Herr Häfner! Gestatten Sie bitte, daß ich Ihnen eine Fortsetzung unserer Diskussion vom 3. Mai 1974 übersende, nachdem ich die von den Tonbändern abgeschriebene Diskussion durchgesehen habe. 2 Tage vor diesem Urlaub hatte unsere Klinikleitung eine Sitzung mit dem zuständigen Staatssekretär der Landesregierung. Es ging um die Zielplanung der Psychiatrie in der Pfalz. Ganz besonders auch um die Frage, ob in Reichweite der Klinik eine weitere psychiatrische Aufnahmeklinik errichtet werden soll. Als ich nun Ihre Diskussionsbemerkung las, wurde mir deutlich, daß der Nachmittag unserer Tagung mit dem Leitthema des Tageslaufes des psychisch Kranken im psychiatrischen Krankenhaus einer ergänzenden Darstellung bedarf, indem auf die Zielplanung eben dieser Krankenhäuser eingegangen wird, nachdem Sie das Thema am Schluß der Diskussion angeschnitten haben. Ich habe mich jetzt verpflichtet gesehen, die Diskussion hier im Urlaub fortzusetzen, denn in den kommenden Monaten und Jahren fallen in den Länderparlamenten die Entscheidungen, die einen wesentlichen Einfluß auf den Tageslauf des psychisch Kranken im psychiatrischen Krankenhaus nehmen werden. Mancher Politiker wird unsere Tagesberichte und Diskussionen lesen.
Als ich Sie bat, den Vorsitz der Nachmittagssitzung über den Tageslauf des psychisch Kranken im psychiatrischen Krankenhaus zu übernehmen, habe ich Sie nicht nur gleichsam als Nachbarn darum gebeten, sondern auch als ein führendes Mitglied der Enquête-Kommission für die Zielplanung der Psychiatrie in der Bundesrepublik.
Es sind oft nur Akzentsetzungen, die dazu führen, daß ein gut gemeinter Ansatz zum Nachteil einer Entwicklung führen kann. Um Mißverständnisse zu vermeiden, bin ich daher so ausführlich auf Ihren Diskussionsbeitrag eingegangen und meine, daß es unserer gemeinsamen Sache um die Psychiatrie nützen würde, wenn Sie die dortgeführte Diskussion mit einer Stellungnahme abrunden. Vielleicht kann man auch daran denken, diesen Brief hier als Überleitung zwischen der mündlichen zur schriftlichen Diskussion mit abzudrucken. Es wäre sehr nett, wenn Sie die Angelegenheit möglichst umgehend bearbeiten könnten, da das Manuskript sonst, einschließlich der Diskussionsbemerkungen, fertig ist.

H.-J. HAASE

Fortsetzung der Diskussion

Haase, Landeck: Wenn auch die Diskussion mit diesen Gesichtspunkten der Angliederung psychiatrischer Abteilungen bzw. Krankenhäuser an Allgemeinkrankenhäuser und der Zweiklassenpsychiatrie von unserem heutigen Leitthema abgewichen ist, so soll sie doch wegen ihrer Wichtigkeit nicht nur ungekürzt gebracht, sondern ergänzt werden. Jetzt werden die Zielplanungen für die Psychiatrie in den verschiedenen Ländern besprochen und die Weichen für die nächsten Jahrzehnte gestellt, damit auch wesentlicher Einfluß auf den Tageslauf des psychisch Kranken im psychiatrischen Krankenhaus genommen. Es hat keinen Sinn, Sozialzentren in psychiatrischen

Großkrankenhäusern zu planen, wenn nicht gleichzeitig angestrebt wird, daß sie zu vielfältig aufgegliederten Fachkliniken mit differenzierten Behandlungsmöglichkeiten vorwiegend für Akutkranke aufgewertet werden, wie auch nur die Akutkranken durch das Krankenhausfinanzierungsgesetz dort gefördert werden. Wenn dies nicht mit aller Konsequenz geschieht, droht den psychiatrischen Großkrankenhäusern die Gefahr eines weiteren Absinkens in zweitklassige Bereiche.

Eine unzureichende Behandlungsmöglichkeit oder auch nur eine Behandlungsmöglichkeit, die mit Vorurteilen belastet ist, führt oft zu einem Ausweichen derjenigen Patienten, die es sich leisten können, in einen anderen Bereich bzw. in eine andere Institution sich zu begeben. So sollen z. B. in der ambulanten Praxis viele psychisch Kranke bekanntlich noch den Besuch beim niedergelassenen Nervenarzt meiden und begeben sich stattdessen in anderweitig mehr oder weniger sinnvolle Behandlung vor allem aus folgenden Gründen:

1. Vorurteile gegenüber dem „Nervenarzt", „man geht nicht zum Nervenarzt".
2. Unzureichende Kenntnis der Patienten oder anderer diagnostizierender Ärzte über die seelische Bedingtheit der Beschwerden.
3. Zu wenig Zeit steht oft für die Probleme des einzelnen in der nervenärztlichen Massenpraxis zur Verfügung.
4. Noch unzureichende Ausbildung nicht weniger Nervenärzte für psychotherapeutische Behandlungen.

Durchaus vergleichbare Gründe führen nicht nur vielfach zur „Zweiklassenpsychiatrie" in der Praxis, sondern auch bei der stat. Behandlung, indem psychiatrische Großkrankenhäuser umgangen werden, wie z. B. Herr Häfner in Mannheim im Bereich der Geriatrie feststellte, wie sich aber z. B. auch in Schweden gezeigt hat, indem durch Angliederung psychiatrischer Abteilungen an ein Allgemeinkrankenhaus ohne Bindung an einen Aufnahmebezirk für alle psychisch Kranken ein Ventil geschaffen wurde, das dazu führte, daß ein Teil der „besseren" Patienten wie das „bessere" Personal nicht mehr in das dazugehörige psychiatrische Großkrankenhaus ging, wie ja auch z. T. bei uns, wenn eine psychiatrische Universitätsklinik sich in der Nähe eines psychiatrischen Krankenhauses befand.

Da ich selbst als Arzt zunächst in einer Universitätsnervenklinik (Bonn) mehrere Jahre, dann in psychiatrischen Großkrankenhäusern der BRD, der Schweiz und der USA seit nunmehr 20 Jahren tätig war, außerdem die längste Zeit in Düsseldorf in dem psychiatrisches Großkrankenhaus, das einmalig in der BRD eine Einheit mit der psychiatrischen Universitätsklinik bildet, glaube ich mir in besonderem Maße ein Urteil über die Situation bilden zu können.

Während etwa jedes 6. Krankenbett in der BRD zur Zeit in einem psychiatrischen Großkrankenhaus steht, ist dort mindestens jede 3. Arztstelle nicht besetzt, sind also mehr als 90000 psychisch Kranke in Großkrankenhäusern zumindest ärztlich unterversorgt, gibt es Wartelisten für Ärzte bei den rund 3000 Betten umfassenden psychiatrischen Universitätskliniken.

Was ist da zu tun?

1. Die psychiatrischen Großkrankenhäuser sind im Hinblick auf die Bettenzahl zu entlasten. Jedoch nicht in erster Linie durch die Begrenzung der Aufnahme Akutkranker, sondern durch die Eingliederung von Langzeitpatienten in Wohnheime mit beschützenden Werkstätten, in Wohnungen mit besonderer Betreuung usw. Altenpflegeheime sind zu fördern, ebenfalls ganz besonders Stätten für geistig Behinderte, denn es ist angesichts des Krankenhausfinanzierungsgesetzes ein Unding, daß fast

aus jedem psychiatrischen Großkrankenhaus mindestens 30% der Patienten in derartige Institutionen verlegt werden könnten, aber noch nicht verlegt worden sind. Während z. B. in den nordischen Ländern sich die geistig Behinderten sinnvollerweise in Sondereinrichtungen außerhalb der psychiatrischen Krankenhäuser befinden, sind 10 bis 20% der Betten der psychiatrischen Großkrankenhäuser bei uns mit geistig Behinderten belegt, und zwar weitgehend langfristig. Gerade die geistig Behinderten jedoch, d.h. die Schwachsinnigen, wirken auf den Laien, der das psychiatrische Krankenhaus besucht, durch Konstitutionsanomalien und durch ihr Verhalten bekanntlich oft so, wie der Laie sich die psychisch Kranken vorstellt. Während also das Image der psychiatrischen Krankenhäuser durch die geistig Behinderten sehr leidet, wären sie an einer Stätte für geistig Behinderte sicher nicht nur besser aufgehoben, sondern meist auch besser betreut und behandelt.

2. Die Verringerung des Einzugsgebietes eines psychiatrischen Krankenhauses hat nur dann einen Sinn, wenn eine andere psychiatrische Institution alle psychisch Kranken, die nicht unmittelbar in ein Wohnheim, in ein Altenpflegeheim, eine Stätte für geistig Behinderte und anderes eingewiesen werden können, aus einer bestimmten Region aufnehmen und fachlich spezialisiert behandeln kann.

Diese Verringerung des Einzugsgebietes durch eine andere psychiatrische Institution ist m. E. dann angezeigt, wenn Besucher mehr als 1 1/2 Stunden zum psychiatrischen Krankenhaus fahren müssen. Da die Akutkranken in mindestens 2/3 der Fälle in 2-3 Monaten wieder entlassen werden, sollte man m. E. das Kilometerproblem, wie die sogenannte Gemeindenähe für die Akutkranken im Unterschied zu den Langzeitpatienten, die den genannten Sondereinrichtungen zuzuführen sind, nicht überstrapazieren.

Schon gar nicht in einer Zeit, in der bei uns zumindest an Wochenenden Millionen von Kilometern motorisiert zu Besuch von Bekannten und Verwandten oder für Kaffeefahrten u. a. bewältigt werden. Schon gar nicht in einer Zeit, in der die Städter oft jede Gelegenheit benutzen, um auf das Land zu streben. Warum soll also nicht die Kompensation einer akuten Psychose, die Entziehungskur einer Sucht, die Therapie einer schweren Neurose in einer ländlich gelegenen Institution, wie es viele psychiatrische Großkrankenhäuser sind, stattfinden? Nur weil es Ärzte nicht auf das Land zieht? Weil unsere Städte bzw. Großstädte so menschlich sind? Weil es in den Städten mehr Arbeitsmöglichkeiten gibt, während schätzungsweise mindestens 80% der Akutkranken nach der Entlassung an ihre frühere Arbeitsstätte zurückkehren und keine neue Arbeitsstätte benötigen? Die Rehabilitation ist also bei den Akutkranken sicher auch weniger von den Kilometern und der sogenannten Gemeindenähe abhängig als vielfach formuliert wird.

So nahm z. B. unsere Pfälzische Nervenklinik Landeck im vergangenen Jahr 3200 Patienten auf, die - abgesehen von den Todesfällen - fast ausnahmslos die Klinik im gleichen Jahr wieder verließen. Dabei leistete uns unser Übergangsheim in dem 50 km entfernt liegenden Ludwigshafen mit 10 Entlassungen eine zahlenmäßig nur unwesentliche Hilfe.

3. Eine zur Entlastung des Aufnahmebezirks eines psychiatrischen Krankenhauses zu errichtende Institution (für unsere Pfälzische Nervenklinik Landeck käme besonders die Entlastung durch die Aufnahmebezirke Landkreis Kusel und Donnersbergkreis, die mehr als 1 1/2 Stunden Fahrtzeit entfernt liegen, in Betracht) muß m. E. mindestens 300 Betten für psychisch Kranke umfassen. Diese Mindestzahl ergibt sich aus der für die Behandlung erforderlichen Differenzierung der Krankenabteilungen. So benötigt z. B. eine Abteilung für Alkoholkranke mehrere unterschiedliche

Stationen, z. B. eine Station für Akutkranke mit Intensivbehandlung (besonders für Alkoholdelirante), eine Station für behandlungswillige differenzierte Alkoholiker mit dem Akzent der tiefenpsychologisch orientierten Psychotherapie (siehe unsere Malgruppe), für Behandlungswillige, eine Station für Verhaltenstherapie oder auch Aversionstherapie (Gruppenhypnose usw.), eine Station für desolate Kontrollverlusttrinker mit dem Akzent der Arbeitstherapie. Eine nach modernen Gesichtspunkten arbeitende Abteilung für Alkohol- und Suchtkranke wird also allein mindestens 100 Betten benötigen, um differenziert arbeiten zu können. Ähnliches gilt m. E. durchaus auch für Abteilungen mit psychotisch Kranken, bei denen unterschiedliche Gruppenbildungen auf verschiedenen Abteilungen durchaus angezeigt sind. Patienten in der akuten Psychose, bei denen meist der Akzent der Behandlung auf Psychopharmaka liegt, befinden sich in einer anderen Behandlungseinheit als solche, die sich in Einzel- und Gruppengesprächen mit der abklingenden Psychose auseinandersetzen und auf die Realität des Lebens vorbereiten. Diese stehen wieder neben denjenigen, die eine unzureichende Auflösung ihres psychotischen Lebens erfahren, die abnorme Verhaltensweisen zeigen, deren Rehabilitation und Entlastung Schwierigkeiten bereiten. Oder denken wir an die Alterskranken, bei denen ein Teil wegen depressiver oder paranoider Psychosen behandelt wird, während bei anderen hirnorganische Psychosyndrome in verschiedenem Schweregrad im Vordergrund stehen, wobei sich wiederum z. B. nach den Untersuchungen von Quadbeck u. Mitarb. u. a. zu zeigen scheint, daß diese wiederum durch sehr unterschiedliche Hirnstoffwechselstörungen bedingt sein können und damit je nach den Befunden eine unterschiedliche Therapie erfahren. Nimmt man unbedingt erforderliche Stationen für Persönlichkeitsfehlentwicklungen (von den sogenannten Psychopathien bis zu neurotisch Kranken) (außerhalb der Suchtkranken) für Akutkranke, geistig Behinderte sowie für Neurologie und Jugendpsychiatrie hinzu, so wird eine Mindestbettenzahl von 300 Betten ersichtlich, sofern eine bestimmte Region konsequent erfaßt werden soll. Selbst wenn man als Alternativlösungen einzelne Bereiche (z. B. besonders Jugendpsychiatrie oder Neurologie) nicht in diese neue psychiatrische Institution hineinnimmt, wird eine Bettenzahl m. E. nie unter 200 Betten betragen können. Baut man dagegen nur Spezialeinheiten, z. B. für akut Alkohol- und Suchtkranke oder für akut Alterskranke zur Entlastung psychiatrischer Krankenhäuser, so bringt diese Lösung zugleich die Gefahr einer Zweiklassenlösung mit all ihren Problemen mit sich, die letztlich meist zu einer Belastung des in der Nähe befindlichen psychiatrischen Krankenhauses führt.

4. Nun zu der Frage der Angliederung einer neuen psychiatrischen Institution an ein Allgemeinkrankenhaus.

Sicher bedarf jedes Allgemeinkrankenhaus m. E. künftig psychosomatischer Abteilungen, die zumindest konsiliarisch die verschiedenen Bereiche der Chirurgie, der Inneren Medizin, der Frauenheilkunde u. a. mitbetreut. Das wäre wenigstens schon ein Kompromiß gegenüber dem bis heute streng naturwissenschaftlichen Geist unserer Medizin, die sich bisher zwar an Krankheiten, aber wenig am kranken Menschen orientiert. Wenn dagegen angenommen wird, daß die Psychiatrie der Stimulation durch die Allgemeinmedizin bedarf, so handelt es sich hier wohl weniger um ein sachliches Problem als vielmehr um eine Konzession an den Zeitgeist, der mit Recht den psychisch Kranken aufwerten und dem körperlich Kranken gleichstellen will. Diese Gleichstellung erinnert mich an die geforderte Gleichberechtigung von Mann und Frau, denen letztlich doch unterschiedliche Rollen zukommen.

Die Strukturen psychiatrischer Abteilungen, bei denen künftig neben Ärzten, Psychologen und Sozialarbeitern nicht nur das Pflegepersonal, sondern die Patienten selbst in den verschiedenen Gruppen aktiv eingeschaltet werden, unterscheiden sich erheblich von den Abteilungen der Allgemeinen Medizin. Es bleiben allerdings nicht nur ökonomische Vorteile bei dieser Konstellation mit z.B. gemeinsamer Küche zwischen psychiatrischem Krankenhaus und Allgemeinkrankenhaus u.a., sondern vor allem die oft höhere Bereitschaft des psychisch Kranken, in ein psychiatrisches Krankenhaus zu gehen, das sich auf dem Gelände eines Allgemeinkrankenhauses befindet. Aber selbst, wenn bei Neubauten mehr und mehr diese gemeinsame bauliche Lösung gefunden wird, wird selbst erst in Jahrzehnten nur erreicht werden können, daß nicht mehr wie bisher über 90% der akut psychisch Kranken im psychiatrischen Großkrankenhaus heutiger Prägung aufgenommen werden, sondern vielleicht „nur" noch schätzungsweise 70%. So bahnt sich, wie Herr Kulenkampff kürzlich berichtete, im Land Nordrhein an 9 zu errichtenden Allgemeinkrankenhäusern der Anschluß psychiatrischer Abteilungen an. Selbst wenn man davon ausgeht, daß alle diese Projekte zustande kommen, und wenn man unterstellt, daß in jedem Fall mindestens 200 psychiatrische Betten zur Verfügung stehen, so bedeutet diese Mitteilung, daß selbst im Land Nordrhein, in dem dieser Gesichtspunkt bisher m.E. am intensivsten vorangetrieben wurde, in frühestens 5-10 Jahren voraussichtlich maximal 2000 psychiatrische Betten auf dem Gebiet von Allgemeinkrankenhäusern errichtet werden, während sich weiterhin mehr als 10000 Betten in den 6 psychiatrischen Großkrankenhäusern des Landes Nordrhein befinden. Für das Land Baden-Württemberg wurde errechnet, wie Herr Linde vor wenigen Wochen auf der Sitzung der Aktion für psychisch Kranke in Bonn berichtete, daß zumindest bis 1985 die Bettenzahl der psychiatrischen Großkrankenhäuser nicht reduziert werden kann. Rein zahlenmäßig wird also der geplante Neubau psychiatrischer Einheiten auf dem Gelände von Allgemeinkrankenhäusern auf längere Zeit die jetzt bestehenden psychiatrischen Großkrankenhäuser nicht entlasten, birgt dagegen die große Gefahr der Belastung, indem Patienten und Personal, besonders Ärzte, in diese in Städten geplanten Häuser streben. Eine Gefahr, die durch Aufnahmezwang für bestimmte Regionen nur zu mindern, nicht völlig zu beseitigen ist.

Und diese Gefahr in einer Situation, in der ein nennenswerter Prozentsatz der psychiatrischen Großkrankenhäuser durch Unterbesetzung ihrer Stellen ärztlich bankrott sind bzw. im Hinblick auf den mangelnden Nachwuchs vor dem Bankrott stehen, wie man aus der kürzlich erfolgten Auszählung der Trägerverbände psychiatrischer Krankenhäuser entnehmen kann.

5. Was ist also vorrangig zu tun, wenn es um die weitere Gestaltung der stationären Behandlungsmöglichkeit psychisch Kranker geht? Wenn es darum geht, den Tageslauf des psychisch Kranken im psychiatrischen Krankenhaus so zu gestalten, daß er nicht nur human ist, sondern den Erfordernissen moderner psychiatrischer Behandlung und Rehabilitation entspricht?

a) *Aufwertung* der psychiatrischen Großkrankenhäuser durch: Schaffung selbstverständlicher, humaner Bedingungen mit dem Bau von Sozialzentren sowie weitere Verbesserungen der baulichen und personellen Ausstattung (weiteres siehe hierzu in meinem Schlußwort).

Entsprechende Verbesserung der Pflegesätze, die z.T. noch nur die Hälfte der Pflegesätze für Allgemeinkrankenhäuser betragen, sowie Verbesserung des Schlüssels für Personal.

b) *Aufwertung* der psychiatrischen Großkrankenhäuser durch Aufgliederung dieser Krankenhäuser in hoch spezialisierte Behandlungseinheiten mit jeweils maximal 200 bis 250 Betten. In diesem Sinne ist z.B. unsere Pfälzische Nervenklinik Landeck z.Zt.

untergliedert wie folgt:
Ein Bereich für Alkohol und Suchtkranke,
ein Bereich für Alterskranke,
vier Bereiche für vorwiegend psychotisch Kranke (für die jeweils besondere Einzugsgebiete diskutiert und z.T. auch schon praktiziert werden),
ein Bereich für geistig Behinderte,
ein Bereich für Jugendpsychiatrie und
ein Bereich für Neurologie.

Diese Bereiche sind in die verschiedenen Stationen untergliedert und erhalten mehr und mehr in sich geschlossene Behandlungs- und Freizeitprogramme.

c) *Aufwertung* der psychiatrischen Großkrankenhäuser durch Auflockerung des arztzentrierten Systems zugunsten von Behandlungsgemeinschaften, in die Psychologen, Sozialarbeiter und vor allem auch das Pflegepersonal mehr und mehr eingegliedert werden, damit auch Akzentuierung der psychotherapeutischen Aspekte. Diese Auflockerung der m.E. zu sehr arztzentrierten Struktur führt folgerichtig nicht in erster Linie zur Entmachtung, sondern zur Entlastung der Ärzteschaft zugunsten der Patienten (weiteres siehe mein Schlußwort). Einreihung der Ärzte in die psychotherapeutische Ausbildung, denen die Erwerbung des Zusatztitels „Psychotherapie" im psychiatrischen Großkrankenhaus zu ermöglichen ist, wie dies z.B. in unserer Klinik jetzt möglich ist.

d) *Entlastung* der psychiatrischen Großkrankenhäuser durch Herausnahme des Gros der Langzeitpatienten in entsprechend dafür spezialisierte Institutionen: z.B. Wohnheime mit beschützender Werkstätte (in unserem Bereich besonders das Wohnheim in Zoar, das uns mehrere hundert Langzeitpatienten abgenommen hat und in Zusammenarbeit mit einem unserer Ärzte dort vorzüglich betreut), Übergangsheime, Altenpflegeheime, Stätten für geistig Behinderte u. a.
Intensivierung der Nachsorge mit Einbeziehung künftiger Sozialstationen, Ausbau einer Vorschaltambulanz, soweit es sich um ärztlichen Einsatz bei Vorsorge und Nachsorge handelt, weitgehende Zusammenarbeit mit niedergelassenen Ärzten.
Nur bedingte und mit allen Vorsichtsmaßnahmen durchzuführende Entlastung durch Verminderung des Aufnahmebezirkes mit Hilfe neu zu errichtender Institutionen. Dabei sind die in anderen Ländern in diesem Zusammenhang gemachten negativen Erfahrungen zu berücksichtigen, d.h. es ist die Gefahr einer Abwertung des in diesem Fall bisher zuständigen psychiatrischen Großkrankenhauses unbedingt zu vermeiden, indem die Frage des evtl. Bedarfs wie die regionale Zuordnung der neu zu schaffenden Institutionen mit dem für diesen Bereich zuständigen psychiatrischen Krankenhaus abgestimmt werden sollte.
Als Richtlinien für die Belastung bzw. Entlastung der Bettenzahlen sind uns dabei die Ermittlungen der Enquête-Kommission hilfreich, wonach auf 1000 Personen der Bevölkerung gegenwärtig 3 Betten für psychisch Kranke zur Verfügung stehen sollten, davon 1,1% für die Akutpsychiatrie der Erwachsenen. Diese Plätze der Akutpsychiatrie werden die zunehmende Aufgabe der psychiatrischen Krankenhäuser sein. Sie werden durch das Krankenhausfinanzierungsgesetz für diese Aufgaben der Akutpsychiatrie gefördert und müssen sich ihr von Jahr zu Jahr mit Erhöhung der Aufnahmezahlen mehr und mehr stellen, obwohl die personelle und finanzielle Situation meist noch bedrückend aussieht.

Häfner, Mannheim: Lieber Herr Haase, Sie haben zu dieser Diskussion, die auf der Tagung in Landeck geführt worden ist, nachträglich noch eine ausführliche Stellungnahme angefügt. Es ist ein Zeichen von Fairneß, daß Sie mir die Gelegenheit geben,, auch meine Auffassung dazu noch einmal zu äußern, nachdem Sie sich vorwiegend auf meine Diskussionsbemerkung in Landeck beziehen. Wenn ich dennoch diese Form nicht begrüße, so hat es damit zu tun, daß wir der offenen Gesprächssituation noch etwas hinzufügen, wozu sich die übrigen Teilnehmer nicht mehr äußern können. Dennoch will ich Ihrer Einladung folgen und noch ein paar Gesichtspunkte vortragen. Sie gehen von der Überzeugung aus, daß wir die psychiatrischen Großkrankenhäuser, auch wenn sie gemeindefern und getrennt von allgemeinen Krankenhäusern liegen, sämtliche für alle Zukunft brauchen werden und daß sie die beste Basis für die psychiatrische Versorgung abgeben. Von dieser Prämisse aus haben Sie Argumente gesammelt. Man kann natürlich die Beispiele unglücklicher Entwicklungen beim Übergang von Großkrankenhäusern auf psychiatrische Abteilungen an allgemeinen Krankenhäusern oder auf die Community Mental Health Centers herausstellen und die viel größere Anzahl reibungslos vollzogener und mit einer erheblichen Verbesserung der Versorgung verbundener Entwicklungen unerwähnt lassen. Man sollte aber nicht außer acht lassen, daß verschiedene Untersuchungen durchgeführt wurden, um die Gründe zu ermitteln, weshalb es an verschiedenen Stellen zu solch ungünstigen Entwicklungen kam. Unkluge politische Entscheidungen, wie das von Herrn Keup erwähnte Beispiel Kalifornien, sind ein Grund, ein anderer Grund liegt darin, daß sich die Entwicklung unseres Faches viel mehr als die der anderen medizinischen Fächer in Überzeugungen, Ideologien und damit in Bewegungen vollzieht, die über menschliche und reale Gegebenheiten oft leichtfertig hinweggehen und damit inhumane Bedingungen schaffen. Die Mental Health-Bewegung in den Vereinigten Staaten und manche parallele Erscheinungen in unserem Lande enthalten einen pseudoreligiösen Anteil. Solche Bewegungen sind gut, Reformen anzustoßen. Wenn sie bei der Durchführung der Reformen wirksam sind, dann führt dies häufig zu unglücklichen Folgen. Dann nämlich wird das Neue gut, das Alte schlecht gemacht und oft kurzerhand verleugnet, was damit an Illusionen aufgerichtet wird und an Unheil geschieht. Vielleicht klingt auch dies wie ein Bekenntnis, aber ich erblicke meine persönliche Aufgabe darin, solchen Ideologisierungen, die es auf beiden Seiten gibt, mit meiner bescheidenen Kraft entgegenzutreten und für eine realistische und nüchterne Beurteilung auf der Basis unseres Wissens einzutreten.

Sie machen für die Psychiatrie geltend, daß ein Krankenhaus wegen der Vielfalt der notwendigen Behandlungsmethoden mindestens 300 Betten, wenn nicht wesentlich mehr, umfassen muß. Die Begründung dieser Aussage halte ich nur in Teilbereichen für richtig, etwa was die Notwendigkeit von Spezialeinrichtungen für Alkoholiker und Drogenabhängige oder psychisch Alterskranke usw. anlangt. Wenn es aber um die Differenzierung der therapeutischen Methoden geht, dann bitte ich Sie, daran zu denken, daß die Vielfalt der Behandlungsmethoden, auch derjenigen, die bestimmte Spezialeinrichtungen erfordern, in der inneren Medizin und der Chirurgie die Vielfalt der in unserem Fach notwendigen weit übertrifft. Es gibt aber nicht viele Internisten oder Chirurgen, die Abteilungen ihres Faches mit einer Größe von 300 oder gar 1000 Betten fordern. Daß gerade ein Großteil von Psychiatern – die niedergelassenen Kollegen vertreten übrigens hier in der Mehrheit eine eindeutig gegenteilige Auffassung – solche Monstereinrichtungen fordern, sollte uns doch zu denken geben. Kann es einen anderen Grund haben als den, daß wir mit diesen Einrichtungen aufgewachsen sind, gut finden müssen, was wir getan haben, weil wir schließlich alles in unseren Kräften Stehende darangesetzt haben, es so gut wie möglich zu tun, und weil wir kaum etwas anderes kennenlernten.

Ich glaube, daß in Großkrankenhäusern gute Psychiatrie gemacht werden kann und auch in aller Zukunft gute Psychiatrie gemacht werden könnte, nur halte ich es für eine absolute Illusion anzunehmen, daß die gesamte stationäre Psychiatrie dort gut gemacht werden könnte. Allerdings meine ich mit Ihnen, daß Großkrankenhäuser, die gute Psychiatrie machen, in kleinere Einheiten unterteilt werden müssen, einmal um Institutionen zu schaffen, die ärztlich und organisationssoziologisch führbar sind, zum anderen um notwendige Entzerrungen und Spezialisierungen zu verwirklichen und schließlich, um einer größeren Zahl jüngerer Kollegen den Aufstieg in Chefarztpositionen zu ermöglichen. Diese Chancen sind ja in unserem Fach um ein Vielfaches geringer als in den übrigen medizinischen Fächern, und man sollte die Bedeutung eines solchen Karrierefaktors für den Zustrom begabter Ärzte in eine medizinische Disziplin nicht unterschätzen.

Wenn ich der Überzeugung bin, daß die Entwicklung der Zukunft eine Verlagerung des Schwerpunkts der stationären psychiatrischen Versorgung in die psychiatrische Abteilung des allgemeinen Krankenhauses bringen wird, dann könnte ich es mir leicht machen und auf eine beachtliche Zahl von Veröffentlichungen der Weltgesundheitsorganisation hinweisen, die nunmehr seit mehr als 10 Jahren diese Entwicklung befürwortet und begründet. Ich möchte aber doch an ein paar Beispielen aus dem eigenen Erfahrungsbereich dartun, weshalb ich glaube, daß ein bestimmter Bereich psychiatrischer Versorgung nur gemeindenah und im Zusammenwirken mit dem allgemeinen Krankenhaus geleistet werden kann.

In den Städtischen Krankenanstalten Mannheim, einem Krankenhaus mit ca. 2000 Betten, werden jährlich etwa 1200 Patienten mit Selbstmordversuchen entgiftet. In dem Jahr, bevor wir die psychiatrische Klinik in den Städt. Krankenanstalten eröffneten, sind 16 von diesen Patienten zur stationären Weiterbehandlung in das Landeskrankenhaus Wiesloch verlegt worden; der Rest wurde entweder ohne jede Weiterversorgung sofort nach Hause entlassen oder 1-2 Tage auf einer inneren Abteilung betreut und dann nach Hause geschickt. Inzwischen haben wir einen psychiatrischen Konsultationsdienst und psychiatrische Betten zur Verfügung und können wenigstens einen fühlbar größeren Teil dieser Patienten an Ort und Stelle versorgen. Sie haben vielleicht die von J. K. Wing und A. Hailey veröffentlichten Statistiken aus London gelesen, die zeigen, daß mit dem Aufbau der gemeindenahen Psychiatrie die Anzahl der Aufnahmen schizophrener Patienten zurückgeht – ein Teil dieser Patienten wird vermehrt durch flankierende Einrichtungen versorgt –, während der Anteil depressiver Patienten mit Selbstmordversuchen anwächst. Diese Patientenkategorie, die einer Akutversorgung bedarf, war bisher im gemeindefernen Großkrankenhaus kaum aufgetaucht, sondern weitgehend unversorgt geblieben.

Auf den Stationen des Krankenhauses liegt überdies ein für den Außenstehenden kaum vorstellbarer Anteil von Kranken mit teilweise schweren psychischen Störungen. Gerade auf den chirurgischen Abteilungen, auf den Intensivstationen, auf Abteilungen mit lebensverlängernden Methoden (Hämodialyse, Herzschrittmacher u. dergl.) sind zahlreiche und schwere psychiatrische Probleme zu bewältigen. Schließlich habe ich bereits in meiner Diskussionsbemerkung darauf hingewiesen, daß ein höherer Anteil psychogeriatrisch Kranker mit Verwirrtheitszuständen, Demenzprozessen u. dergl. bisher ohne psychiatrische Versorgung auf innerfachärztlichen Abteilungen in Krankenhäusern der Stadt versorgt worden ist als im psychiatrischen Landeskrankenhaus, das für die Stadt zuständig ist.

Schließlich haben wir uns, seit wir Teil eines Städt. Krankenhauses sind, zusammen mit unseren Kollegen von der inneren Medizin, der Chirurgie und der Anästhesie in vermehrtem Maße mit schwersten akuten Fällen herumgeschlagen, die nur durch die Zusammenarbeit dieser Spezialdisziplinen und durch die hochtechnisierten Einrichtungen eines modernen Krankenhauses zu retten sind. Ein nicht geringer Teil von ihnen verträgt keinen weiten Transport. Wir haben deshalb nicht nur im Zentralinstitut für seelische Gesundheit in Mannheim, das wir im kommenden Frühjahr beziehen werden, eine Intensivstation geplant, die gemeinsam mit Internisten und Anästhesisten betrieben werden soll. Auch der Landeskrankenhausplan Baden-Württemberg sieht für alle psychiatrischen Krankenhäuser eine solche Intensivtherapie-Station vor. Es dürfte auch für Laien einleuchtend sein, daß eine Vorsorge solcher, nicht mehr transportfähiger und auf Spezialeinrichtungen angewiesener Fälle nicht in 50 oder 100 km Entfernung vom Wohnort möglich ist. Psychosomatische Abteilungen an allgemeinen Krankenhäusern für die Versorgung solcher Probleme vorzusehen, erscheint mir nun, nachdem ich genügend Erfahrung in einem solchen Großkrankenhaus gesammelt habe, eine euphemistische Vorstellung. Sicherlich haben psychosomatische Abteilungen eine wichtige Funktion, aber lediglich für einen sehr spezialisierten und begrenzten Bereich, der sich gerade nicht mit der Versorgung der Schwerstkranken und der Akutkranken zur Deckung bringen läßt.
Schließlich läßt sich das Problem auch noch vom anderen Ende aufziehen. Wir versorgen hier in der Stadt nicht nur unsere klinischen Fälle, sondern mit unseren Übergangseinrichtungen, Tagesklinik, Nachtklinik, gemeindepsychiatrische Arbeitsgruppe, beschützte Wohneinheiten, konsultative Dienste eine Vielzahl von chronisch Kranken. Ich möchte sogar sagen, daß der Schwerpunkt unserer Arbeit, wenn man vom klinischen Bereich absieht, in der Betreuung chronisch Kranker liegt. Wir arbeiten hier sehr eng zusammen mit dem zuständigen Landeskrankenhaus, und ich glaube, wir sind beide sehr dankbar, daß sich ein so gutes Verhältnis zum Nutzen der Patienten entwickelt hat. Ich frage mich aber, wie all das, was wir hier aufgebaut haben und laufend betreuen, hätte entstehen können, wenn wir nicht mit all unseren Einrichtungen präsent wären. Denken Sie an eine Tagesklinik. Sie kann nur Patienten versorgen, die morgens anreisen und abends wieder nach Hause gehen können. Wenn der Anfahrtsweg länger als 1 Stunde in Anspruch nimmt, dann sind schwerer Gestörte, vor allem chronisch Schizophrene, kaum noch zu einem regelmäßigen Besuch der Tagesklinik zu motivieren. Schließlich haben wir hier eine Reihe von Leuten zu versorgen, die so schwer gestört sind, daß sie kein psychiatrisches Krankenhaus mehr aufnimmt. Unsere gemeindepsychiatrische Arbeitsgruppe betreut z.B. seit vielen Jahren ein Obdachlosenasyl. Rund 60% der Insassen sind chronische Alkoholiker. Manche von ihnen sind mehrfach in dem für chronische Alkoholiker in Baden-Württemberg zuständigen Landeskrankenhaus behandelt und wieder entlassen worden und befinden sich in einem desolaten Zustand. Es ist unsere Aufgabe, dazu beizutragen, daß sie in diesem Heim einigermaßen erträgliche Verhaltensweisen entwickeln und Lebensbedingungen erhalten. Wir haben zudem die Aufgabe, das Personal bei dieser Arbeit, die weitaus belastender ist als die Tätigkeit in einem Landeskrankenhaus, moralisch zu stützen und zu entlasten. Obwohl dies die Realität gemeindenaher Psychiatrie ist, singen manche Kollegen aus Landeskrankenhäusern das ebenso verständliche wie simplifizierte Lied von der Zweiklassenpsychiatrie, ohne zu sehen, daß auch sie nur einen Ausschnitt der Welt vor sich haben, so schwer ihre Arbeit immer sein mag und so tüchtig sie sie erledigen.
Kein vernünftiger Politiker, der etwa als Medizinaldezernent für das Gesundheitswesen zuständig ist, wird, wenn er nicht durch uns Psychiater ideologisiert ist, einsehen, war-

um hier nicht wie in allen anderen Fächern der Medizin eine gewisse Funktionsteilung zwischen Krankenhäusern der Grund- und Regelversorgung, Haupt- und Schwerpunkt- und Fachkrankenhäusern sinnvoll sein sollte. Um nochmal das ominöse Wort von der Zweiklassenpsychiatrie zu zitieren: Die Einrichtung von Langzeitkrankenhäusern für Orthopädie oder Chirurgie hat nicht dazu geführt, daß sich eine Zweiklassenchirurgie oder Zweiklassenorthopädie entwickelte, warum muß dies in unserem Fach so sein?

Ich bin der Meinung, daß 2 Schwerpunkte der psychiatrischen Versorgung gemeindenah und integriert ins allgemeine Krankenhaus unterzubringen sind: Die Versorgung der Akut- und Schwerkranken, insbesondere derjenigen, die wegen ihrer Multimorbidität oder aus anderen Gründen einer interdisziplinären Intensivversorgung auf hohem Standard bedürftig sind. Weiter die Versorgung der chronisch Kranken und Behinderten, die gemeindenah unterzubringen sind, vor allem in Übergangseinrichtungen und bei flankierenden Diensten. Dazu kommt die Beratung und Betreuung Schwerstgestörter, die in außerpsychiatrischen Enrichtungen untergebracht sind.

Am ehesten ließe sich der Schwerpunkt für mittelfristige Behandlungen, soweit sie nicht Probleme der Multimorbidität aufweisen, herausverlagern in Spezialkrankenhäuser, die auch gemeindefern liegen könnten. Zudem gibt es eine Reihe von therapeutischen Spezialprogrammen, die auf Dauer in gemeindefern gelegenen Spezialkrankenhäusern mit einem wesentlich höheren Standard organisiert und durchgeführt werden könnten als beispielsweise im Akutkrankenhaus und in Übergangseinrichtungen.

Auf das wichtigste Argument allerdings habe ich in der Diskussionsbemerkung hingewiesen, die Sie zum Anlaß Ihrer eigenen Überlegungen machten: Die zukünftige Entwicklung der Psychiatrie zu einem hohen Standard der Forschung und des therapeutischen Handelns hängt davon ab, ob unser Fach wieder der Herausforderung der alltäglichen Begegnung mit der naturwissenschaftlichen Medizin, ihren Fortschritten und Anregungen unterworfen wird.

Zum Schluß möchte ich aber noch einmal ein Bekenntnis zu den realen Möglichkeiten und ihrer humanen Verwirklichung ablegen. Wir wissen, daß die Kosten des Gesundheitswesens in den letzten Jahren disproportional gestiegen sind und weiter auf beunruhigende Weise ansteigen werden. Wir können es uns nicht leisten, Maßnahmen in Angriff zu nehmen, die hohe Kosten verursachen und als Preis dafür die ärztliche Versorgung und die Unterbringungsbedingungen eines wesentlichen Teils psychisch Kranker verschlechtern. Wir können es uns ebensowenig leisten, Mittel in Maßnahmen zu investieren, die nach unserem gegenwärtigen Wissen der Entwicklung zu einer besseren Versorgung der psychisch Kranken im Wege stehen.

III. ZUSAMMENFASSUNG DES 1. PSYCHIATRIE-SYMPOSIONS IN LANDECK

I. Der Alkoholkranke in Klinik und Praxis

Von H.-J. Haase

Der psychisch Kranke ist in besonderer Weise auf die Hilfe der Gesunden angewiesen. Er bedarf nicht nur des ärztlichen Wissens, sondern des wohlwollenden Interesses und der Hilfe breiter Gesellschaftsschichten.
Der Alkoholkranke, Thema des heutigen Vormittags, erkrankt, sofern er Problemtrinker ist, nicht nur im Zusammenhang mit inneren Konflikten und Belastungen durch Familie, Beruf usw., er ist darüber hinaus auch ein Symptom einer Wohlstandsgesellschaft, die ihm Versuchungssituationen mit einem Überangebot an Zeit und Geld anbietet, die ihn belastet durch ihre Trinksitten, oft auch noch durch mangelndes Verständnis und Interesselosigkeit oder durch Abwertung seiner Erkrankung zur Willensschwäche.
Sie haben durch Herrn Prof. Kryspin-Exner erfahren über die vielfältigen stationären Behandlungsmöglichkeiten; durch Herrn Dr. Feuerlein sowie Herrn Prof. Hallen und Herrn Dr. Neudörfer über die Vielfalt der ambulanten Therapieformen; durch Herrn Dr. Schwarz und Herrn Class über ein Beispiel nachgehender Betreuung durch ein Netz ambulanter Suchtberatungsstellen in der Zusammenarbeit von Sozialarbeitern und Ärzten in der Pfalz.
Der Beitrag über die forensische Bedeutung des Alkoholismus durch Herrn Prof. Mende erinnert uns daran, daß die tragischen Folgen dieser Krankheit nicht nur die körperliche und psychische Existenz des Betroffenen bedroht und nicht selten zerstört, daß nicht nur die unmittelbare Umgebung der Kranken - wie die Angehörigen und Bekannten - betroffen wird, sondern daß im Zusammenhang mit dem Kontrollverlust nicht selten auch fremde Personen Opfer der toxischen Wirkung des Alkohols werden, wobei als besonders krasses Beispiel die entsetzliche Tatsache vor unseren Augen steht, daß täglich in der BRD mehrere Menschen im Straßenverkehr wegen der Alkoholwirkungen sterben müssen.
Über das Thema der Bildsprache des Gruppen- und Einzelgespräches brachten wir einen Einblick in die Ängste, Wünsche und Persönlichkeitsentwicklungen behandlungswilliger Alkoholkranker, deren Tragik ein Appell an uns Gesunde bedeutet, alle Kräfte zur Hilfe zu mobilisieren. Wenn wir schätzen, daß pro Jahr sich höchstens 5% der Alkoholkranken in der BRD einer stationären Behandlung unterziehen, so wissen wir doch, daß selbst für diesen kleinen Anteil nicht das ausreichende Personal und nicht einmal der ausreichende Raum zur Verfügung steht, um Familien- und Berufsprobleme zu regeln und innere Konflikte zu behandeln. Selbst wenn wir unterstellen, daß ambulant das Mehrfache der Zahl der stationär Eingewiesenen betreut und behandelt wird, so gilt hier das gleiche Thema des Personalsmangels, von dem größeren Teil der Kranken ganz abgesehen, die überhaupt keiner Behandlung zugeführt werden.

Personalmangel bedeutet aber ganz schlicht nicht zuletzt auch Geldmangel, noch deutlicher: Mangelnde Bereitschaft, Geld zu investieren für einen Bereich, der anscheinend nicht den eigenen Interessen dient; denn der Alkoholiker, so heißt es oft noch, ist selbst schuld, und man vergißt darüber, daß die Gesellschaft nicht nur die Pflicht hat, Behandlungs- und Betreuungsmaßnahmen bereitzustellen. Nicht nur, um die Umwelt des Alkoholikers vor den Handlungen zu schützen, die Folgen der toxischen Wirkung des Alkohols sind. Nicht nur, um dem ärztlichen Prinzip entsprechend Leben in jedem Fall zu erhalten bei einem Menschen, der im Begriff steht, mit dem Alkoholismus Selbstmord auf Zeit zu begehen, sondern vor allem auch, um die Krankheit bei der Vielzahl derjenigen in ihren Ursachen psychotherapeutisch zu behandeln, bei denen die Alkoholkrankheit eine Sackgasse ist, ein Symptom dafür, daß hier eine Persönlichkeit an einem Schicksal scheiterte.

Einem Schicksal, dessen Weichen schon in der Kindheit unglücklich gestellt wurden und das schließlich zur Realitätsflucht in den Alkoholismus führte. Einem Schicksal, das geformt oder nicht ertragen wurde durch seelische Fehleinstellungen, die durchaus einer Korrektur durch sozialtherapeutische und psychotherapeutische Maßnahmen und Behandlungen zugänglich sind.

II. Zum Tagesablauf des psychisch Kranken in der Klinik

Am Nachmittag beschäftigte uns der Tagesablauf des psychisch Kranken in der Klinik. Bedenken wir, daß jedes 6. Bett in der BRD in einem psychiatrischen Krankenhaus steht und daß pro Jahr mindestens 200000 Personen zur stationären Behandlung in ein psychiatrisches Großkrankenhaus wie z.B. unsere Pfälzische Nervenklinik Landeck eingewiesen werden. Geht man in die Dörfer in der Umgebung unserer Klinik, und es wird bei den anderen psychiatrischen Großkrankenhäusern nicht viel anders sein, so hört man von den Einwohnern, daß sie sich noch erinnern können, wie Kranke an den Gittern hingen und schrien. Wie Sie wissen, wurden aus den Verwahrungsanstalten vergangener Zeiten Krankenhäuser. An die Stelle der Bewahrung trat mehr und mehr die Behandlung, so daß wir schätzen können, daß z.Zt. rund 90% dieser Patienten in der BRD in den psychiatrischen Krankenhäusern in irgendeinem Behandlungsprozeß stehen, der entweder zur Besserung und Gesundung führt oder eine erreichte Besserung aufrechterhält. Gleichzeitig konnten viele geschlossene Stationen geöffnet werden. Seitdem hört man in den benachbarten Dörfern und Wohnorten, daß es zwar erfreulich sei, wenn Patienten in den Lokalen etwas verzehren, durchaus störend sei, wenn sie sich betrinken oder gar randalieren. Damit klingt nicht zu Unrecht das Problem an, daß es nicht selbstverständlich ist, geschlossene Stationen zu öffnen und Freizeit freizugeben, sondern daß diese moderne liberale Psychiatrie auch im Interesse der Behandlung gesteuert und mit Inhalten gefüllt werden muß.

Um diese Frage zu vertiefen und die Bedeutung dessen hervorzuheben, was uns ja heute durch Herrn Prof. Winkler, Dr. Leonhardt, Prof. Keup und Dr. Kroiß u.a. vorgetragen wurde, nehmen wir wieder als sicher repräsentatives Beispiel für viele andere psychiatrische Kliniken in der BRD unsere Pfälzische Nervenklinik und bringen noch einige Daten über den Tagesablauf unserer Patienten:

Von z.Zt. rund 1300 Patienten der Erwachsenenpsychiatrie sind bei uns in der Klinik z.Zt. rund 1000 Patienten wenigstens einige Stunden am Tag in irgendeiner Form in sinnvoller Beschäftigung oder Arbeit. Von diesen rund 1000 wenigstens stundenweise beschäftigten Patienten sind rund 250 Patienten in den Betrieben der Klinik für die Klinik tätig (Kochküche, Waschküche usw.); rund 160 Patienten befinden sich in einer differenzierteren Beschäftigung in der Beschäftigungstherapiezentrale (Schnitzen, Flechten, Teppichweben, Töpferei usw.) oder sie bearbeiten dort Industrieaufträge. Auf den geschlossenen Stationen sind rund 40 Frauen mit Handarbeiten beschäftigt, und rund 200 Patienten fädeln im Industrieauftrag Etiketten ein, d.h. es wird in monotoner Weise in Ermangelung von Beschäftigungstherapeuten jeweils ein Draht durch ein Etikett gezogen; rund 330 Patienten helfen stundenweise auf den Stationen (Putzen und Küchenarbeiten).

Rund 30 Patienten erhalten wöchentlich 2 Stunden technische Anleitungen zum Malen von Bildern, die in Gruppenstunden zur Therapie besprochen werden. 15 Patienten fahren täglich in die Betriebe der Umgebung, um dort zu arbeiten. Rund 300 der 1300 erwachsenen Patienten sind in bezug auf die Tagesgestaltung weitgehend sich selbst überlassen.

Auf das ärztlich-therapeutische Gespräch kommen dabei, abgesehen von der Aufnahmeuntersuchung, bei 3200 Aufnahmen und rund 2800 Entlassungen oder Verlegungen pro Jahr, weniger als 3 Minuten pro Tag und Patient bei den Akutkranken, bei den Langzeitkranken entfallen nicht einmal auf die Woche 3 Minuten. Nur auf 3 von 32 Abteilungen der Erwachsenenpsychiatrie kommen die Patienten wöchentlich in ein ärztlich oder psychologisch geleitetes therapeutisches Gruppengespräch. Dabei sind wir zwar in der glücklichen Lage, keine unbesetzten Stellen für Ärzte und Psychologen zu haben, doch gleichzeitig in der unmöglichen Situation, daß uns aus finanziellen Gründen nur die Hälfte der Stellen bisher zugebilligt wurde, die von der Weltgesundheitsorganisation gefordert wurden. Eine Forderung, die z. B. in Westberlin schon annähernd verwirklicht wurde.
Schwestern und Pfleger haben gemäß einer im vergangenen Jahr durchgeführten Zählung pro Woche in 2336 Stunden berufsfremde Tätigkeiten zu verrichten wie Putzarbeiten, Botengänge, Stationsküche versorgen, Wäsche sortieren u. a. Ihnen blieb, abgesehen von der Essens- und Medikamentenausgabe, bisher praktisch keine Zeit für therapeutische Gespräche mit den Patienten. Nachdem wir dem Innenministerium diese Auszählung der berufsfremden Stunden mitgeteilt hatten, wurden uns im vergangenen Jahr wie auch in diesem Jahr jeweils 9 Stationshilfen bewilligt, die zunächst nicht genehmigt worden waren.
Es konnte daraufhin eingeführt werden, daß das Pflegepersonal mehr therapeutisch gezielte Gespräche mit den Patienten führen konnte und daß der Kontakt zwischen Pflegepersonal und Patienten auf ein anderes Niveau gehoben wurde. So wurden z. B. bei jeder Wiederaufnahme nicht nur vom Arzt eine Zwischenanamnese, sondern in einem gesonderten Gespräch auch durch das Pflegepersonal ein schriftlich fixierter, genauer Zwischenbericht über die Zeit nach der letzten Entlassung erhoben. Das bedeutet, daß der Patient den Pfleger bzw. die Schwester bei der Wiederaufnahme nicht nur in der Rolle einer Kleider sortierenden, Tabletten ausgebenden und Ordnung haltenden Person sieht, sondern als jemand, der sich mit seiner Erkrankung auseinandersetzt. Mit dieser Rollenänderung gewinnt natürlich auch das Pflegepersonal einen anderen Bezug zum Patienten. So konnte jetzt beschlossen werden, daß auf jeder Station in jeder Woche mindestens 1 Stunde eine Stationsgruppenbesprechung gemeinsam mit den Patienten und dem Pflegepersonal (soweit zeitlich möglich, auch in Gegenwart eines Arztes oder Psychologen) stattfindet. Das bedeutet, daß nunmehr jeder Patient in Abständen von 1-2 Wochen wenigstens die Probleme, die sich aus dem Stationsleben ergeben, in der Gruppe besprechen kann.
Nunmehr wird es dem Pflegepersonal möglich sein, einen kürzlich gefaßten Beschluß durchzuführen, daß jeder Patient, der keinen freien Ausgang hat, und das ist immerhin fast die Hälfte der Erwachsenen unserer Klinik, pro Tag wenigstens 15 Minuten an die frische Luft kommt.
Wie aber sieht es mit dem Tagesablauf aus, der bei den Patienten, die keinen Ausgang haben, abgesehen vom Essen, Tabletteneinnehmen, den meistens wenigen Minuten des therapeutischen Gesprächs, den ganzen Tag umfaßt? Wie sieht es mit dem Tagesablauf für fast alle Patienten, also auch diejenigen, die Ausgang haben, nach Einbruch der Dunkelheit aus, also an den kürzesten Wintertagen schon ab 16.30 Uhr nachmittags auf den Abteilungen? Was tun also die Patienten, nachdem sie entweder in der Beschäftigungs- und Arbeitstherapie tätig waren oder in rund 300 von 1300 Fällen, abgesehen vom Essen und den wenigen Minuten der Medikamenteneinnahme und das evtl. therapeutischen Gesprächs, weitgehend sich selbst überlassen waren?

Hier ist von Interesse, daß wegen Raummangels und Überbelegung auf den meisten Abteilungen der Tagesraum zur gleichen Zeit auch der Freizeitraum ist. Es fehlen in der Erwachsenenpsychiatrie, abgesehen von 6 der 32 Stationen, neben dem Tagesraum und Besuchszimmer Räume für die Freizeitgestaltung und Beschäftigung. Das bedeutet, durchschnittlich müssen pro Station im gleichen Tagesraum 40 Patienten essen, rauchen, fernsehen, sich beschäftigen und ihre Freizeit verbringen.
Es ist ferner hierzu von Interesse, daß sich bei einer vor einem Jahr in unserer Klinik durchgeführten Erhebung und aus ähnlichen Zahlen, die ich z. B. aus den psychiatrischen Landeskrankenhäusern im Rheinland erfuhr, sich ergab, daß nur 1/4 unserer Patienten in Räumen bis zu maximal 4 Betten schliefen, während 2/3 der Patienten mit mindestens 7 anderen Patienten im gleichen Raum schliefen. Die Auszählung ergab, daß zur Herstellung wünschenswerter Lebensbedingungen insgesamt 310 Betten aus den Schlafräumen hätten entfernt werden müssen, wenn man die Mindestforderungen eines Allgemeinkrankenhauses zur Richtschnur nehmen wollte. Es fehlten ferner nach diesem Maßstab 170 Waschbecken, 50 Duschen und 40 Toiletten. Inzwischen haben sich durch Eröffnung von 5 renovierten Stationen diese Verhältnisse gebessert und bessern sich weiter, aber doch allzu langsam. Bei einer in diesen Tagen durchgeführten Berechnung kommen im Durchschnitt bei unseren rund 1300 erwachsenen psychisch Kranken auf jeden Schlafraum noch 5,5 Betten.
Erst im vergangenen Jahr war es uns möglich, rund 800 Schränke anzukaufen, so daß jeder Patient seinen eigenen Schrank erhielt, während er vorher seine Kleidung in Stationsgarderoben untergebracht hatte und er für die Ausgabe jedes Kleidungsstückes täglich das Pflegepersonal bitten mußte.
Die räumliche Lösung des Problems ist die Reduzierung der Bettenzahl pro Person. Das bedeutet, daß nicht mehr wie z. Zt. im Durchschnitt 5,5 Betten, sondern möglichst höchstens 3 Betten in einem Schlafraum stehen und daß auf jeder Station Räume für die Gestaltung des Tagesablaufes gewonnen werden.
Die nicht nur räumliche Lösung für die ganze Klinik stellt der Bau eines Sozialzentrums dar, das, wie wir heute erfahren haben, der Behandlung dient, indem es den Kranken auf den Alltag draußen vorbereitet. Das Sozialzentrum belebt nicht nur die Klinik, wie es uns in Gütersloh und Dortmund-Aplerbeck eindrucksvoll demonstriert wurde, bedeutet nicht nur eine Brücke zwischen Klinik und den umliegenden Ortschaften und der Gesellschaft, dient nicht nur der körperlichen und psychischen Besserung durch Turnen und Schwimmen, ermöglicht nicht nur dem Patienten, sinnvoll in Läden und Cafeterias mit seinem Geld umzugehen, wie es eines Tages draußen von ihm erwartet wird, sondern nimmt damit ein Stück normales Alltagsleben in der Klinik vorweg und ist damit engster Bestandteil moderner psychiatrischer Behandlung. Wir sind daher froh, daß nicht nur unser Träger, der Bezirksverband Pfalz, sondern auch die Landesregierung den Plänen zur Errichtung eines Sozialzentrums aufgeschlossen gegenübersteht. Aber was ist zu tun, bis die psychiatrischen Stationen aus der Überbelegung heraus sind, so daß Räume frei werden zur Ermöglichung eines sinnvollen Tagesablaufs auf den Stationen? Was ist zu tun, bis die Pläne zur Errichtung von Sozialzentren oder gegebenenfalls auch von Beschäftigungstherapiezentren realisiert worden sind? Es kann kein Zweifel bestehen, daß wir nicht nur mit Bauten, nicht nur mit dringend notwendigen Verbesserungen des Ärzte-, Psychologen- und Pflegeschlüssels das Niveau der stationären psychiatrischen Behandlungen und Betreuungen verbessern können, sondern auch allein schon von der Grundeinstellung her, die sich um den Tageslauf der psychisch Kranken in den psychiatrischen Krankenhäusern bemüht. Wir haben z. B. in unserer Klinik in jeder

Woche eine Konferenz, und wir sind überzeugt, daß andere Kliniken ähnlich verfahren, in der die ärztliche, pflegerische und Verwaltungsleitung der Klinik gemeinsam mit Ärzten, Sozialarbeitern und dem Pflegedienst Beschlüsse fassen zur Verbesserung des Tagesablaufs, insbesondere der Freizeitaktionen der Patienten. Ein Pfleger ist ganztägig als Koordinator zur Realisierung der Beschlüsse eingesetzt. Als Ergebnis wurden auf den verschiedensten Stationen regelmäßige Abendveranstaltungen für die Patienten eingeführt, die wir (hier für Patienten und Besucher ersichtlich auf einer Litfaßsäule) zusammengefaßt haben. Wir haben mit Erfolg über Presse, Rundfunk und Fernsehen an die Bevölkerung appelliert und erreicht, daß der Verband der Spielautomatenverleiher uns eine große Anzahl von Billard-, Fußballspielgeräten und anderen Apparaturen kostenlos für die verschiedensten Stationen zur Verfügung gestellt hat. Wir haben erreicht, daß Studenten der Erziehungswissenschaftlichen Hochschule Landau und Soldaten des Fernmeldebataillons Bad Bergzabern in jeder Woche in ihrer Freizeit mit unseren Patienten gemeinsam Veranstaltungen durchführen. Diese Soldaten haben in ihrer Freizeit uns auch Anlagen für die Freizeit unserer alten Patienten errichtet. Wichtig war uns auch die Gründung eines Hilfsvereins, und auch hier spreche ich nur aus, was bereits in einer Reihe von psychiatrischen Krankenhäusern durchgeführt wird. Wir werden im Herbst dieses Jahres bei Herrn Reimer in Weinsberg über dieses Thema tagen. Besonders über die von der Justiz an diesen Hilfsverein überwiesenen sogenannten Bußgelder, d.h. also von Geld, das nach Straftaten von der Justiz eingenommen wurde, konnten wir unsere Patienten über die Finanzierung von Ausflügen, von Veranstaltungen, mit der Finanzierung von Preisen bei Turnieren mit Minigolf, Skat, Schach, Fußball, Fußballautomatenspiele, Billard u.a. Spielen u.a. manch frohe Stunde ermöglichen.

Wenn damit die Justiz positiv erwähnt wurde, muß aber leider auch wenigstens kurz angedeutet werden, daß wir im Unterschied z.B. zum Land Westfalen, das uns nicht nur auf dem Gebiet der Sozialzentren, sondern auch auf dem Gebiet der Betreuung und Unterbringung von psychisch kranken Rechtsbrechern weit vorangeeilt ist, mit dem Problem der psychisch Kranken bzw. psychisch abnormen Rechtsbrecher belastet sind. Ein Problem, das sich mit dem Geist eines modernen psychiatrischen Krankenhauses nicht in der Form, wie es jetzt gehandhabt wird, verträgt. Es wäre ein Thema einer eigenen Tagung. Wir hoffen, daß unsere an das Justiz- und Sozialministerium gerichteten Anträge so bald wie möglich einer konstruktiven Lösung zugeführt werden, denn es versteht sich, daß nicht für 30 psychisch abnorme Rechtsbrecher, die aus einer Klinik in eine Sonderinstitution gehören, weil ihr Entweichen eine Gefährdung der öffentlichen Sicherheit darstellt, der Tageslauf der anderen z.Zt. 1430 Patienten geprägt werden kann. Aus einer modernen psychiatrischen Klinik kann wegen dieser wenigen, die nicht zu uns gehören, kein Gefängnis gemacht werden.

Kommen wir abschließend auf das Thema der Gestaltung des Tageslaufs unserer Patienten zurück und denken an die Vergessenen, die entweder keine Angehörigen mehr haben oder von diesen abgeschrieben wurden. Es ist nicht neu, daß es Patenschaften für psychisch Kranke gibt. Neu für uns war allerdings, daß wir vor ca. 1 Jahr innerhalb weniger Wochen über die Vermittlung von Presse, Rundfunk und Fernsehen die 100 Langzeitpatienten, die seit Jahren weder Besuch noch Post erhalten hatten, in Einzelpatenschaften vermitteln konnten. Sie erhalten seitdem mit wenigen Ausnahmen regelmäßig Besuch von ihren Paten. Ihr Leben hat einen neuen Sinn erhalten.

In dieser Patenschaftsaktion sehen wir ein beachtliches Symptom für die beginnende Aufgeschlossenheit der Bevölkerung gegenüber dem psychisch Kranken. Vorurteile

werden allmählich abgebaut, Angst vor dem psychisch Kranken wird abgelöst durch Mitfühlen, Unkenntnis wird allmählich ersetzt durch sachlich informatives Wissen. Wenn es den Referenten und Diskussionsteilnehmern des heutigen Tages gelungen ist, Ihnen und allen denen, die an der psychiatrischen Behandlung und Versorgung beteiligt sind, Informationen und Anregungen zu geben, wenn es gelungen ist, die für die Planung psychiatrischer Krankenhäuser verantwortlichen Politiker für einen dringend notwendigen raschen Aufbau weiterhin zu überzeugen, falls es noch dieser Überzeugung bedurfte, und wenn es gelungen ist, die Öffentlichkeit über die Wiedergabe der Ergebnisse unseres Treffens ein Stück mehr für diese Probleme der Psychiatrie konstruktiv zu gewinnen, dann ist der Zweck dieses Treffens erfüllt.
Ich danke der Janssen GmbH Düsseldorf mit ihrem Geschäftsführer, Herrn Dr. von Loeper, und seinen Mitarbeitern für die großzügige Förderung dieses Symposions.
Ich danke allen Referenten und den Diskussionsteilnehmern, den Herren Vorsitzenden, Herrn Prof. Janzarik und Herrn Prof. Häfner. Danke Ihnen allen für Ihre Mühe und Ihr Interesse an unserer gemeinsamen Sache.